Agathe de Frayssinet-Orhan
Corine Romeyer

W0328980

PETITES COUTURES FACILES

LE TEMPS APPRIVOISÉ

Très facile

Facile

Plus difficile

Direction éditoriale : Anne-Sophie Pawlas
Édition : Isabelle Riener
Relecture : Valérie Balland
Mise en pages : Cyril Tissot-Daguette
Couverture : Cyril Tissot-Daguette
Photographies : Claire Curt
Stylisme : Sonia Roy
Fabrication : Géraldine Boilley-Hautbois, Louise Martinez
Photogravure : Nord Compo

© 2019, Libella, Paris
ISBN : 978-2-299-00395-5
Dépôt légal : février 2019

Le Temps Apprivoisé
7, rue des Canettes
75006 Paris

http://www.letempsapprivoise.fr

Toutes les créations de ce livre sont d'Agathe Frayssinet-Orhan et de Corine Romeyer
et ne peuvent en aucun cas être reproduites à des fins d'exposition et de vente sans l'autorisation de l'Éditeur.

PRÉFACE

Les broches et les cols, accessoires de mode incontournables, donneront du peps à un simple tee-shirt ou à une petite robe noire. Les cousins quant à eux, apporteront poésie et raffinement à votre deco.
Chaque création est ici proposée dans 3 variantes, ce qui multiplie les sources d'inspiration et la créativité !
Tendance chic, fantaisie ou rock choisissez votre style !

Agathe de Fraysinet-Orhan

L'accessoire de mode, c'est ce qui permet de nous distinguer, de dévoiler un peu de notre personnalité. Quand en plus, il est fait-main et que l'on peut en changer à chaque fois que nous prend l'envie de créer, c'est la cerise sur le gâteau ou plutôt le pompon au bout de la fermeture ou le galon sur la ceinture !
Je suis ravie de vous proposer vos modèles préférés réunis dans ce livre : des trousses, des foulards et des ceintures. Laissez-vous inspirer par les tissus, les couleurs et les matières pour pouvoir imaginer vos propres réalisations. La couture permet vraiment toutes les fantaisies !

CoRomeyer

SOMMAIRE

81

LES CEINTURES

99

LES COLS

121

LES COUSSINS

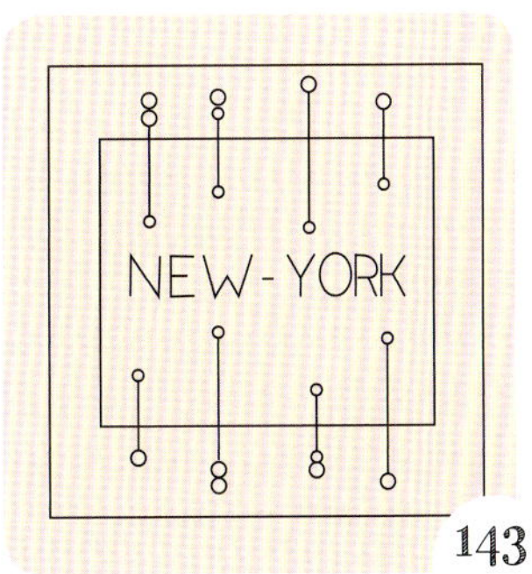

143

LES GABARITS

LE MATÉRIEL ET LES CONSEILS

LE MATÉRIEL

Les ciseaux droits et les ciseaux cranteurs

N'hésitez pas à investir dans une paire de ciseaux de qualité pour tissu, vous gagnerez en précision et en confort. Les ciseaux cranteurs serviront à cranter le surplus de tissu après la couture.

Les aiguilles

Elles sont à adapter selon l'épaisseur de tissu et le titrage du fil. Pour coudre des boucles d'attache en cuir (comme le col victorien p. 104), utilisez une aiguille spéciale cuir.

Le fil à coudre

Choisissez des couleurs de fils assortis au tissu choisi, de qualité similaire (fil coton pour tissu en coton...) et de titrage adapté au tissu. Utilisez le même fil pour la canette afin d'éviter des problèmes de tension.

Le papier pour le gabarit

Il doit être fin pour pouvoir voir à travers, mais suffisamment solide pour pouvoir être épinglé. Pour certains gabarits, vous aurez besoin de carton ou de bristol.

La craie pour tissu

Elle sert à reporter le gabarit papier et les indications de couture sur le tissu. Vous pouvez également utiliser un feutre textile.

Le fer à repasser

C'est une vraie aide à la couture et indispensable pour obtenir un travail soigné ! N'hésitez pas à vous en servir tout du long de votre ouvrage. Pour repasser les tissus avant de tracer les gabarits, pour ouvrir les coutures sur l'envers, pour marquer les plis avant une couture, pour marquer les plis décoratifs, pour poser un tissu thermocollant... Pensez à bien régler la température en fonction du type de tissu.

LES TISSUS

Les tissus naturels

Avant de débuter votre ouvrage, il est conseillé de laver les tissus naturels (coton, lin), car ils ont tendance à rétrécir et ont souvent une couche d'apprêt en surface.

Les tissus fins et transparents

Pour les tissus très fins comme la soie, n'hésitez pas à poser préalablement de la toile thermocollée pour faciliter la couture et donner de la tenue au tissu. Pour les tissus un peu transparents comme le voile de coton, une toile thermocollée blanche (ou noire) évitera de voir les coutures par transparence.

Les tissus épais

Adaptez l'aiguille de la machine à coudre selon l'épaisseur du tissu ou quand vous avez plusieurs tissus superposés.

Les matières spéciales

Il est préférable de découper à cru les matières comme la fourrure ou la dentelle.

AVANT DE COMMENCER

Le surfilage

Si le tissu s'effiloche, faites une piqûre au point zigzag tout autour de la pièce afin de stopper les fils.

Le bâti

Pour maintenir le travail en place avant un montage définitif, faites une couture à la main au point avant, que vous enlèverez une fois l'ouvrage terminé.

L'entoilage

Pour qu'un ouvrage ait de la tenue, associez un tissu épais avec un tissu plus fin. Si les tissus sont trop souples, vous pouvez les renforcer avec de la Vlieseline, tissu non tissé thermocollant, du molleton ou même une triplure.

Les dimensions des tissus

Dans les explications, la 1re mesure indiquée désigne la hauteur dans le droit-fil le long de la lisière, et la 2de mesure la longueur sur la laize.

Conseil

Réalisez votre ouvrage au fur et à mesure de la lecture du pas à pas. Les étapes prendront ainsi forme progressivement et tout vous semblera plus clair.

RÉALISER UN GABARIT

Selon les créations, les gabarits présentés dans le livre seront à taille réelle ou à augmenter à la photocopieuse à l'échelle indiquée.

1. Décalquez le gabarit et reproduisez-le sur du papier cartonné afin de pouvoir le réutiliser plusieurs fois. Découpez-le.
2. Placez le gabarit sur l'envers du tissu, reportez-le à la craie, puis découpez.

Conseil

Pour couper les demi-gabarits, pliez le tissu en deux dans le sens du droit-fil. Placez le gabarit sur le pli, épinglez et coupez les 2 épaisseurs de tissu en même temps. Vous pouvez aussi reproduire le gabarit en entier sur du papier cartonné pour en simplifier l'utilisation.

LA LEÇON DE COUTURE

LA COUTURE À LA MAIN

Le point avant

Il s'utilise pour les assemblages simples, pour bâtir ou pour froncer. Il se réalise de droite à gauche : sortez l'aiguille sur l'endroit du tissu, piquez-la dans le tissu vers la gauche et ressortez-la plus loin, en laissant chaque fois des espaces réguliers : cela forme une ligne en pointillé.

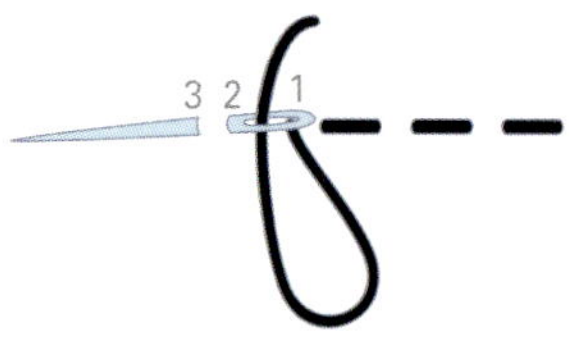

Le point arrière

Il s'utilise pour former des coutures solides et pour dessiner les contours.
Il se réalise de droite à gauche : sortez l'aiguille sur l'endroit du tissu, piquez-la dans le tissu vers la droite, puis ressortez-la très à gauche du 1er point de sortie de l'aiguille. Travaillez à intervalles réguliers : cela forme une ligne continue.

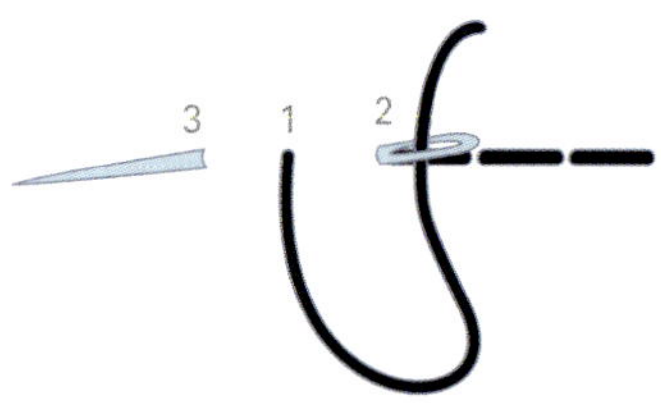

Le point glissé

Il permet de fermer des ouvertures de façon esthétique et invisible, sans que les coutures soient apparentes. Il se réalise de droite à gauche, en faisant de petits points obliques de part et d'autre des 2 tissus, très près du bord.

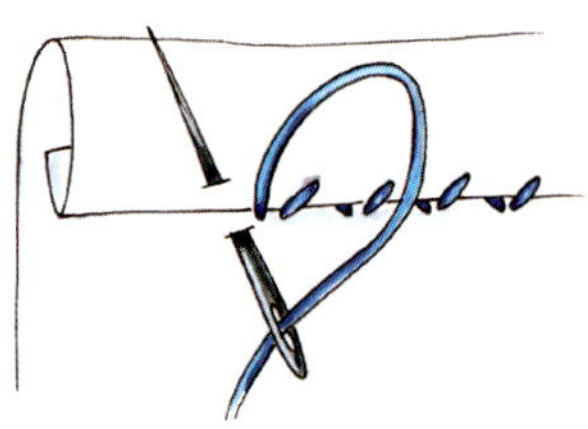

Le point de chaînette

Comme son nom l'indique, chaque point ressemble à un maillon. Ces maillons formeront une chaînette et dessineront des contours avec plus de relief. Piquez l'aiguille sous le tissu pour que le fil ressorte sur l'endroit. Piquez à l'endroit où elle est sortie, et ressortez-la un peu plus loin, en passant le fil sous l'aiguille. Piquez ensuite l'aiguille à l'intérieur du maillon précédent, ressortez plus bas et ainsi de suite.

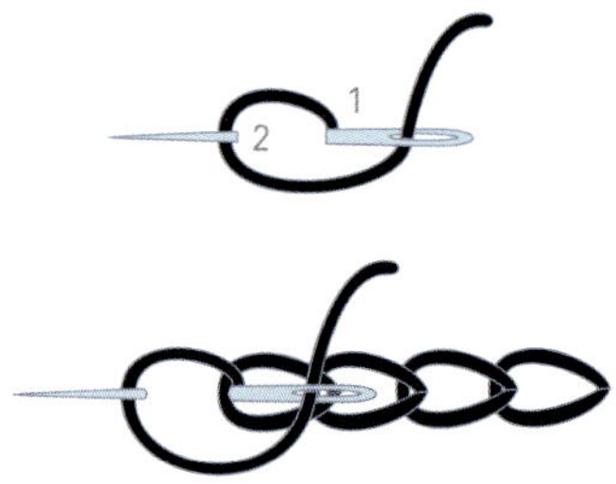

Le point de feston

Il permet de broder le contour d'une forme en prenant plusieurs épaisseurs de tissu. Il se coud de gauche à droite (pour une droitière).
Piquez entre les 2 épaisseurs pour cacher le nœud et ressortez à 3 ou 4 mm du bord.
Faites un point en traversant les 2 épaisseurs et ressortez au même endroit. Tirez sur le fil.

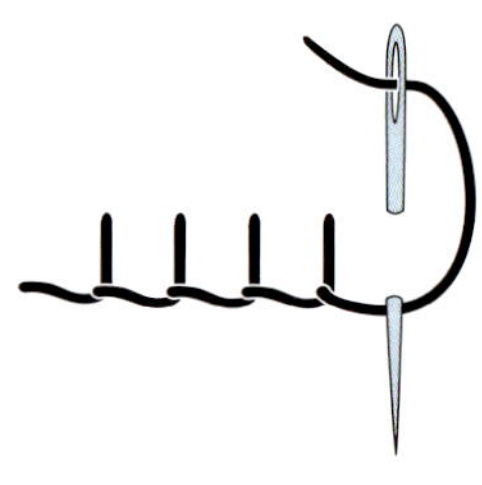

LA COUTURE À LA MACHINE

Pour réaliser les modèles proposés, une machine à coudre basique est suffisante : seuls les points de base sont nécessaires (avant, arrière et zigzag). Vous devez cependant disposer d'un pied-de-biche classique et d'un pied-de-biche spécial fermeture à glissière ; celui-ci permet de piquer très près des bords du tissu, et il est indispensable pour poser un passepoil.

Le point droit

Il sert à assembler les pièces de tissu pour effectuer les montages. N'oubliez pas de faire un essai sur une chute de tissu, ni de faire quelques points d'arrêt au début et à la fin de la couture.

Le point zigzag

Il permet de surfiler les bords des tissus une fois coupés ou de réaliser des appliqués et des embouts de brides, pour éviter les surépaisseurs. La longueur et la largeur du point sont réglables selon l'effet recherché et le tissu utilisé.

Le point d'arrêt

Il sert à arrêter le début et la fin de la couture, grâce à un retour en arrière.

POSER UNE FERMETURE À GLISSIÈRE

Pour poser une fermeture à glissière, utilisez le pied-de-biche spécial fermeture à glissière de la machine à coudre pour pouvoir piquer au plus près des crans.

Sur un ouvrage doublé

1. Posez le tissu de l'extérieur de l'ouvrage envers contre la surface de travail.
2. Placez la fermeture sur le bord du tissu, endroit de la fermeture sur l'endroit du tissu, puis posez la doublure par-dessus, endroit contre endroit.
3. Alignez bien les 3 éléments, épinglez-les, puis piquez tout le long, bien au bord, en faisant un point d'arrêt au début et à la fin de la couture.

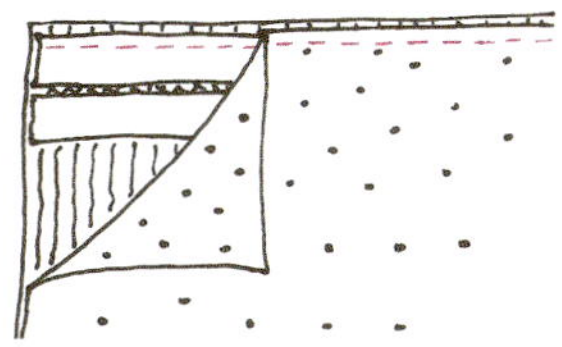

4. Retournez sur l'endroit pour dégager la fermeture et repassez.
5. Répétez l'opération avec l'autre partie de la fermeture.

De façon à former un tube

1. Posez le tissu de l'extérieur de l'ouvrage envers contre la surface de travail.
2. Placez la fermeture sur le bord du tissu, endroit de la fermeture sur l'endroit du tissu.
3. Alignez bien les 2 éléments, épinglez-les, puis piquez tout le long, bien au bord.
4. Répétez l'opération sur le côté opposé du tissu.
5. Retournez sur l'endroit et faites une surpiqûre le long de chaque côté de la fermeture. Vous obtenez un tube.

Conseil

Lorsque la couture approche de la tirette, gardez l'aiguille dans le tissu et soulevez le pied-de-biche. Fermez ou ouvrez la fermeture sous le tissu pour pouvoir continuer à piquer bien au bord. Cela vous permettra d'obtenir une piqûre droite. Une fois la fermeture installée, coupez les morceaux qui dépassent au bord du tissu.

Former les angles

1. Coupez la pointe de l'angle.
2. Pincez les coutures des côtés et du fond afin de les superposer. Vous obtenez une pointe.

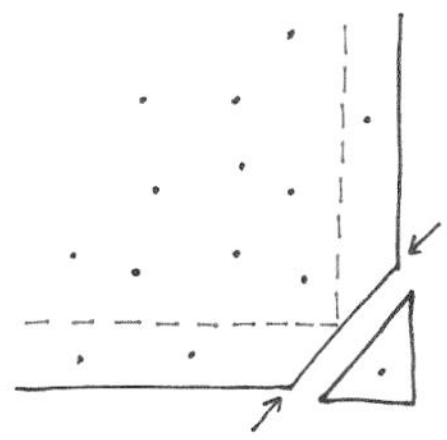

3. Avec une règle, mesurez et tracez un angle de la dimension souhaitée. Piquez perpendiculairement aux coutures, puis coupez la pointe à 1 cm de la couture.

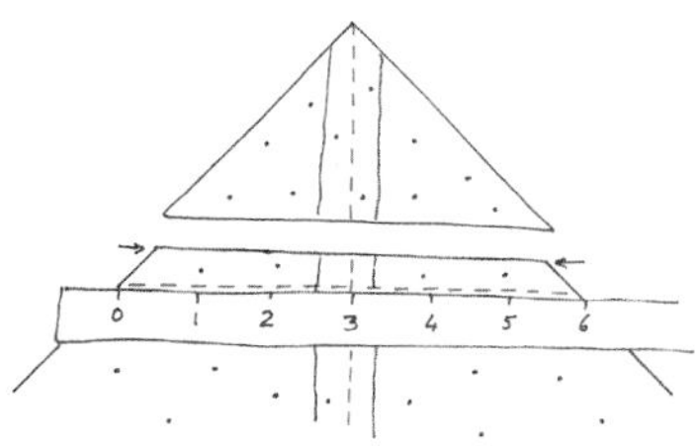

> **Conseil**
>
> *Pour une finition soignée, coupez – sur l'envers du travail – les pointes des angles au ras de la piqûre, puis retournez l'ouvrage. Pour réussir les arrondis, faites des encoches régulières avec des ciseaux sur l'envers du travail tout le long de la courbure.*

Réaliser un biais

1. Repliez la bande de tissu en deux, envers contre envers, et marquez le pli au fer à repasser.

2. Ouvrez la bande, puis rabattez chaque côté jusqu'au pli central, envers contre envers. Repassez soigneusement.
3. Refermez le biais, repassez de nouveau puis faites une piqûre au ras du bord.

Poser un biais

1. Ouvrez le biais et épinglez-le endroit contre l'envers du tissu. Piquez sur le pli extérieur.
2. Retournez le tissu sur l'endroit et repliez le biais vers vous, de façon qu'il se place à cheval sur le tissu.
3. Épinglez et piquez bien au bord du biais.

Poser un passepoil

Un passepoil est un liseré décoratif en relief.

1. Épinglez le passepoil sur l'endroit du tissu, en alignant bien les bords, cordelette vers l'intérieur.

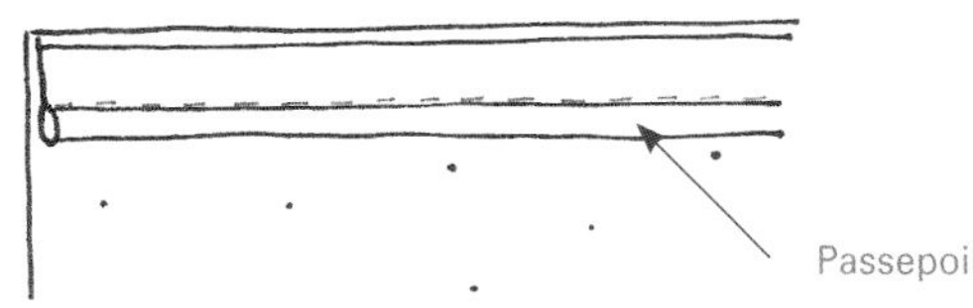

2. Installez le pied-de-biche spécial fermeture à glissière sur la machine à coudre. Piquez tout le long de la cordelette, bien au bord. Retournez sur l'envers.
3. Placez le tissu de l'extérieur sous l'ouvrage, endroit contre endroit : le passepoil se trouve entre les 2 tissus. Épinglez et repiquez sur la même couture.

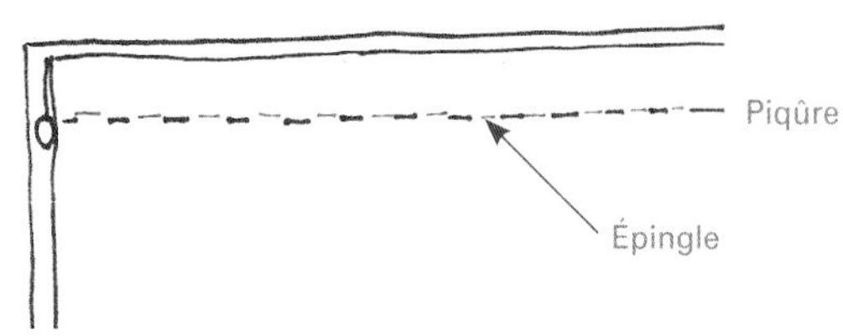

4. Retournez le tout sur l'endroit.

> **Conseil**
>
> *Si vous souhaitez donner une forme arrondie au fond ou au rabat d'une trousse ou de toute autre création, vous pouvez en arrondir les angles : choisissez un bol ou une tasse de la taille de l'arrondi désiré, posez-le sur l'angle droit, tracez et découpez.*

LA RÉALISATION DES COLS

La pose d'un croquet

Choisissez un croquet assez large pour qu'il soit bien pris dans la couture. Il sera cousu entre 2 épaisseurs de tissu.
Pour vérifier son placement délicat, cousez-le en 2 étapes : d'abord sur une 1re épaisseur de tissu, puis sur la 2de.

1. Posez et épinglez le croquet sur l'endroit du 1er tissu, en alignant la médiane des courbes du croquet à la ligne du gabarit. Piquez tout le long sur les 2 épaisseurs.
2. Retournez l'ouvrage, face envers vers vous (croquet dessous), puis épinglez sur la 2de épaisseur de tissu bord à bord, endroit contre endroit.
3. Repiquez exactement sur la 1re couture pour bien suivre le croquet. Retournez et repassez.

La pose d'un galon à paillettes

Repérez les indications de placement sur le gabarit et tracez à la craie et avec la règle les lignes de placement. Épinglez les galons en suivant ces lignes, puis piquez tout du long, sur les 2 lisières du galon.

La pose d'un galon à franges

1. Coupez le galon à franges à la bonne longueur.
2. Épinglez-le sur l'endroit du 1er tissu en alignant la médiane du galon à la ligne du gabarit. N'oubliez pas de placer les franges vers l'intérieur de l'ouvrage pour ne pas les prendre dans la couture.
3. Rabattez les extrémités vers le bord du tissu pour que cela ne dépasse pas par la suite. Épinglez la 2de épaisseur de tissu bord à bord, endroit contre endroit (envers vers vous).
4. Piquez tout le long sur les 3 épaisseurs. Retournez et repassez.

Les attaches

Le ruban : selon la matière du ruban et pour éviter qu'il ne s'effiloche, faites une petite couture en repliant le bord.

Les boutons et les cordons : n'hésitez pas à doubler le fil de l'aiguillée pour que la couture soit plus solide.

Les attaches en cuir : utilisez une aiguille spécial cuir.

LA RÉALISATION DES BROCHES

Les attaches de broche

Elles peuvent bien sûr se coller, mais préférez tout de même les coudre en faisant quelques points afin qu'elles tiennent mieux.

La pose des strass

Réalisez une composition de votre choix avec des strass, puis fixez-les au fer à repasser (s'ils sont thermocollants) ou percez le tissu avec les petites griffes en les recourbant à l'arrière.

LA RÉALISATION DES CEINTURES

Retourner une ceinture sur l'endroit

Pour retourner une ceinture sur l'endroit, utilisez une aiguille à tricoter assez grosse.

1. Placez la tête de l'aiguille sur la partie cousue **(1)**. Faites coulisser les tissus de part et d'autre de l'aiguille. Le départ est parfois un peu difficile. Quand l'extrémité de l'aiguille apparaît, tirez dessus **(2)**.
2. Une fois la ceinture à l'endroit, utilisez la partie pointue de l'aiguille pour bien repousser les pointes et obtenir des angles bien nets.

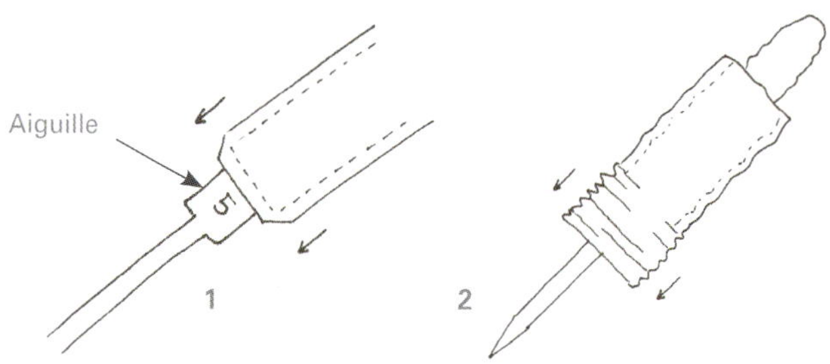

La taille des ceintures

Le tour de taille utilisé dans ce livre comme base de départ (T) est de 90 cm. Cette mesure, prise taille basse au niveau des os iliaques, correspond à une taille 40 standard. Pour chaque réalisation, vous trouverez l'indication : T + ou - X cm.
La plupart des ceintures ont une marge de réglage dans les finitions. Prenez bien les bonnes dimensions pour obtenir un modèle parfaitement ajusté.

LA RÉALISATION DES TROUSSES

Réaliser un gabarit

Tous les gabarits des trousses sont proposés marges de couture comprises. Ce surplus de 7 ou 8 mm correspond à la largeur du pied-de-biche.
Si vous n'alignez pas le pied-de-biche sur le bord du tissu, augmentez d'autant de millimètres la dimension du gabarit.

Former les angles

Cette technique permet à la fois de donner une forme triangulaire à la trousse et de la faire se tenir droite (voir aussi p. 10). La dimension de l'angle détermine la largeur du fond de la trousse.
Pour une finition soignée, coupez, sur l'envers du travail, les pointes des angles au ras de la piqûre puis retournez l'ouvrage.
Pour réussir les arrondis, faites des encoches régulières avec des ciseaux tout le long de la courbure et sur l'envers du travail.

LA RÉALISATION DES FOULARDS

Toutes les longueurs des foulards sont indicatives. Vous pouvez facilement les adapter en augmentant ou en diminuant les dimensions indiquées.

Conseil

Les gabarits des foulards sont proposés coutures comprises. Pour une piqûre bien droite, alignez le bord du pied-de-biche sur le bord du tissu, soit à 7 ou 8 mm du bord.

LA RÉALISATION DES COUSSINS

Les coussins de ce livre sont conçus sans fermeture. Si vous désirez laver votre coussin, il vous faudra créer un système de fermeture et acheter un coussin de garnissage (ou bien le confectionner). Pour fermer la housse, voici les explications pour 2 types de fermeture : à rabats avec boutons ou avec une fermeture à glissière.

La fermeture à rabats

- **Pour un coussin carré de 45 x 45 cm :** découpez 1 carré de 47 x 47 cm (face avant) et 2 rectangles de 28 x 47 cm (face arrière).
- **Pour un coussin rectangulaire de 30 x 50 cm :** découpez 1 rectangle de 32 x 52 cm (face avant) et 2 rectangles de 25 x 52 cm (face arrière).

1. Cousez un ourlet sur une longueur de chaque face arrière, puis épinglez endroit contre endroit un 1er morceau sur la face avant. Épinglez ensuite le 2d morceau en le superposant. Les 2 bords avec ourlets doivent se chevaucher sur environ 5 cm au centre du coussin.
2. Cousez tout le tour, découpez le surplus aux ciseaux cranteurs à 0,5 cm de la couture et crantez les angles. Retournez sur l'endroit l'enveloppe réalisée.
3. Placez les boutons (par exemple 2 boutons à 15 cm d'intervalle) sur le rabat du dessous, puis faites les boutonnières sur le rabat du dessus en utilisant le pied-de-biche spécial boutonnière (suivez les instructions de la machine).

La fermeture à glissière

- **Pour un coussin carré de 45 x 45 cm :** découpez 2 rectangles de 49 x 47 cm. Utilisez une fermeture à glissière de 35 cm.
- **Pour un coussin rectangulaire de 30 x 50 cm :** découpez 2 rectangles de 34 x 52 cm. Utilisez une fermeture à glissière de 40 cm.

1. Épinglez les 2 morceaux, endroit contre endroit, sur le côté bas du coussin et cousez sur 7 cm de chaque côté, de façon à laisser une ouverture centrale de 35 cm ou 40 cm, selon le modèle, pour y poser la fermeture à glissière.
2. Ouvrez la couture et repassez-la. Retournez sur l'endroit, puis placez la fermeture sous les rabats du bord de l'ouverture. Bâtissez à la main. La fermeture est maintenue et bien cachée. Avec le pied-de-biche spécial fermeture, piquez à 3 ou 5 mm du bord (ouvrez la fermeture pour vous aider). Ôtez le fil de bâti.
3. Épinglez tout le tour des 2 morceaux, endroit sur endroit, puis cousez les 3 côtés restants.
4. Avec les ciseaux cranteurs, découpez le surplus à 0,5 cm de la couture et crantez les angles.
5. Retournez l'enveloppe sur l'endroit par l'ouverture de la fermeture.

LES TROUSSES

BASIQUE

La trousse parfaite par excellence : ample, zippée et joliment ornée d'appliqués graphiques.

FOURNITURES

* Du coton à pois, à motifs de maisons ou de la toile à matelas (A) : 27 x 40 cm
* Du coton uni ou à motifs pour la doublure (B) : 28 x 40 cm
* Des chutes de coton blanc (C)
* 1 fermeture à glissière non séparable de 25 cm de long
* 1 tampon décoratif (hibou, papillon, scooter)
* 1 encreur textile de couleurs
* Du fil à coudre solide
* Le petit matériel de couture

LA COUPE

1. Découpez 2 rectangles de 27 x 20 cm dans les tissus A et B et 1 bande de 1 x 20 cm dans le tissu B. Le tissu A correspond au tissu extérieur de la trousse et le tissu B à la doublure.
2. Découpez 1 carré de 10 cm de côté dans le tissu C.

LE TAMPON

Encrez le tampon puis appliquez-le sur le carré C. Laissez sécher. Repassez pour fixer l'encre, en suivant bien les instructions du fournisseur.

L'ASSEMBLAGE

1. Cousez le carré C sur 1 rectangle A en vous amusant avec le point droit de la machine.
2. Posez la fermeture à glissière entre les tissus A et B, pour chaque côté de la trousse (voir p. 9).
3. Posez le rectangle obtenu sur la surface de travail, de façon à placer les 2 tissus A endroit contre endroit et les 2 tissus B endroit contre endroit. Rentrez les bords de la fermeture du côté des tissus B et ouvrez-la en partie.
4. Piquez tout autour du rectangle en commençant par le bas du tissu B, en laissant une ouverture de 12 cm côté tissu B.

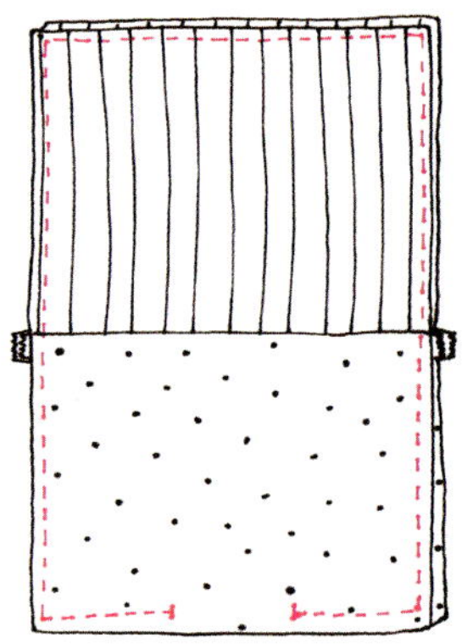

5. Réalisez le fond de la trousse (voir p. 13) de façon à obtenir des angles de 6 cm.
6. Retournez la trousse sur l'endroit par l'ouverture de la doublure en replaçant correctement les angles. Fermez l'ouverture à points glissés (voir p. 8).

LES FINITIONS

1. Enfilez la bande B sur la tirette de la fermeture : faites 1 boucle avec un morceau de fil solide, placez la bande de tissu à cheval dans la boucle, passez les 2 extrémités du fil dans le chas de la tirette et tirez pour faire sortir le ruban.
2. Nouez les 2 extrémités de la bande.

Astuce

Pour un rendu plus original, n'hésitez pas à coudre le carré de tissu tamponné en variant l'utilisation des points de votre machine à coudre.

PARIS 61
29 JUIN 1921
Bien affectueusement

TROUSSE CARTABLE

Une forme vanity, idéale pour ranger ses affaires de toilette ou son maquillage.

FOURNITURES

* Du similicuir gris, du Liberty enduit ou du lin taupe (A) : 27 x 55 cm
* De la batiste à motifs, du coton uni ou du Liberty pour la doublure (B) : 27 x 45 cm
* Du biais rose à étoiles, vert ou Liberty : 27 cm
* 1 fermeture à glissière grise non séparable de 25 cm de long
* Des petits boutons assortis
* Le petit matériel de couture

LA COUPE

1. Dans le tissu A, découpez 1 rectangle de 27 x 40 cm, 1 rectangle de 27 x 9 cm et 1 bande de 17 x 5 cm. Sur l'endroit du 1er rectangle, marquez 1 repère à 10 cm et 1 autre à 27 cm sur chaque long côté.
2. Dans le tissu B, découpez 1 rectangle de 27 x 40 cm et 1 bande de 17 x 5 cm. Sur l'endroit du rectangle, marquez 1 repère à 27 cm sur chaque long côté.

L'ASSEMBLAGE

La poche

1. Posez le biais sur un des longs côtés du rectangle A de 27 x 9 cm (voir p. 10). Tracez un trait à 1 cm du bord sur toute la longueur du tissu, sur l'envers, sur le côté opposé au biais.
2. Placez la poche sur le grand rectangle A, endroit contre endroit, biais vers le bas, en plaçant le trait sur le repère à 10 cm. Piquez le long du trait.
3. Rabattez la poche vers le haut et séparez la poche en 2 compartiments distincts avec une couture centrale.

Biais

Biais

Biais

A

A

A

La trousse

1. Posez la fermeture sur le grand rectangle A de façon à obtenir un tube (voir p. 9). Ouvrez en partie la fermeture et laissez l'ouvrage sur l'envers. Centrez la fermeture sur le repère placé à 27 cm, épinglez les côtés et piquez à 1 cm du bord, au ras de la fermeture.
2. Formez les angles du bas et du haut de la trousse (voir p. 10). Les angles du bas doivent mesurer 7 cm et ceux du haut 4 cm.
3. Retournez la trousse sur l'endroit.

La doublure

1. Faites un rentré de 1 cm de chaque côté du rectangle B, envers contre envers. Repassez.
2. Rabattez chaque côté du rectangle endroit contre endroit de part et d'autre du repère, en laissant 1 cm environ entre les tissus. Piquez les côtés du tube à 1 cm du bord.
3. Insérez la doublure dans la trousse, envers de la doublure contre envers de la trousse. Épinglez autour de la fermeture et cousez à points glissés (voir p. 8).

L'anse

1. Superposez les 2 bandes A et B endroit contre endroit. Piquez tout autour du rectangle en alignant l'extérieur du pied-de-biche (largeur 7-8 mm) sur le bord du tissu. Laissez une ouverture centrale de 4 cm.
2. Retournez sur l'endroit et surpiquez tout autour.
3. Placez chaque côté de l'anse à 3 cm du bord, tissu B sur le dessus. Bâtissez.
4. Repiquez sur les coutures des extrémités en formant 1 rectangle de 2 cm de largeur, avec une croix centrale pour plus de solidité.

LES FINITIONS

Cousez les 3 boutons sur la couture centrale de la poche.

ÉTUI À ÉCOUTEURS

Des étuis kawaï pour ranger et protéger vos écouteurs !

FOURNITURES

* Du coton à motifs cerises, rose à bulles ou noir à cœurs (A) : 11 x 30 cm
* De la feutrine rouge, écrue ou rose (B) :
* 13 x 13 cm
* Du biais blanc à pois, Liberty ou gris à pois : 10 cm
* 1 fermeture à glissière rouge non séparable de 15 cm de long
* 1 anneau de porte-clés
* 1 compas
* Du bristol
* Le petit matériel de couture

LA COUPE

1. Reproduisez le gabarit de la fleur sur le bristol, puis reportez-le sur l'envers de la feutrine. Reportez les repères de placement du biais
   et de la fermeture. Découpez.
2. À l'aide du compas, tracez 1 cercle de 8 cm de diamètre sur le bristol et découpez-le. Tracez son diamètre : il correspondra à l'emplacement de la fermeture.
3. Découpez 3 rectangles dans le tissu A : 2 de 11 x 7 cm et 1 de 11 x 13 cm.

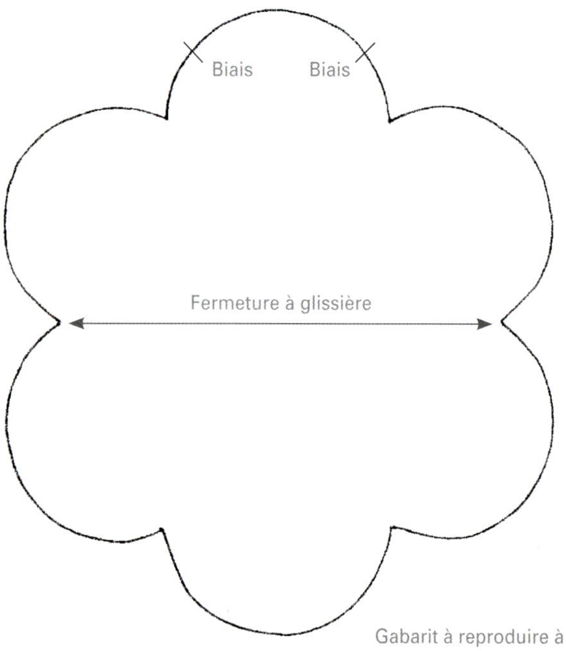

Gabarit à reproduire à 150 %

L'ASSEMBLAGE

1. Installez le pied-de-biche spécial fermeture à glissière sur la machine. Posez la fermeture : placez son bord supérieur sur un des côtés de 11 cm du rectangle de 11 x 7 cm, tirette contre l'endroit du tissu. Centrez la fermeture, car elle doit dépasser de chaque côté. Épinglez et cousez bien au bord. Répétez l'opération pour l'autre partie de la fermeture.
2. Retournez l'ouvrage sur l'endroit et surpiquez de chaque côté de la fermeture, bien au bord.
3. Posez le rectangle de 11 x 13 cm, endroit sur la surface de travail. Posez la pièce obtenue précédemment par-dessus, endroit contre envers. Épinglez tout autour.
4. Placez le cercle cartonné au centre de l'ouvrage en alignant le trait tracé sur le gabarit et le milieu de la fermeture. Tracez le contour du cercle. Ouvrez la fermeture au centre du cercle, puis piquez tout autour.
5. Découpez à 0,5 cm du bord du cercle, puis crantez tout le tour. Retournez sur l'endroit.
6. Épinglez la trousse obtenue sur la fleur en feutrine.
7. Enfilez l'anneau du porte-clés sur le morceau de biais et pliez celui-ci en deux. Glissez-le sur le pétale du haut, entre la trousse et la fleur, boucle vers l'extérieur.
8. Bâtissez, puis piquez la trousse sur la fleur, bien au bord du cercle.

Astuce

Au moment du passage de la fermeture à glissière sous l'aiguille, actionnez la machine à coudre à la main pour ne pas casser l'aiguille.

TROUSSE CHIC

Élégant, romantique ou pop : choisissez votre style !

FOURNITURES

- ∗ Du coton rose à motifs blancs, jaune fluo ou orange à motifs géométriques (A) : 40 x 16 cm
- ∗ Du coton rose fleuri, noir à étoiles ou beige à motifs orange (B) : 22 x 20 cm
- ∗ Du ruban vert à pois, noir à surpiqûres ou beige à chevrons : 50 cm
- ∗ 1 nœud vichy vert, noir ou orange à pois
- ∗ 1 fermeture à glissière non séparable, fuchsia, jaune fluo ou beige : 15 cm de long
- ∗ Du bristol
- ∗ Du papier-calque
- ∗ 1 compas
- ∗ Du fil à coudre solide
- ∗ Le petit matériel de couture

LA COUPE

1. Reproduisez le demi-gabarit sur le papier-calque (voir p. 144), puis reportez-le sur le bristol de façon à obtenir la pièce entière.
2. Dans le tissu A, découpez 2 fois le gabarit et 2 rectangles de 18 x 6 cm. Dans le tissu B, découpez 2 rectangles de 22 x 10 cm.
3. À l'aide du compas, tracez 1 cercle de 10 cm de diamètre sur le bristol et découpez-le. Placez-le sur un des angles du bas d'un rectangle B de façon qu'il touche les côtés de l'angle droit. Tracez l'arrondi et coupez sur le trait. Répétez l'opération pour l'angle opposé sur la grande longueur, puis sur l'autre rectangle B.
4. Coupez 2 morceaux de 18 cm dans le ruban.

L'ASSEMBLAGE

1. Marquez des repères à 9 cm, 11 cm et 13 cm du bas de chaque rectangle B, sur le long côté droit.
2. Rabattez les repères extérieurs sur le repère central, épinglez et piquez le pli ainsi obtenu. Repassez les plis en laissant un espace de 2 cm entre les 2 plis, en bas du rectangle. Fixez à la main par un petit point. Répétez l'opération pour l'autre rectangle.
3. Posez 1 rectangle A sur l'endroit d'une des pièces B, endroit contre endroit, bord du rectangle A contre le haut du pli. Épinglez et assemblez. Ouvrez la pièce obtenue sur l'endroit et repassez. Placez le ruban à cheval sur la couture centrale et piquez des 2 côtés.
4. Répétez l'opération avec les 2 autres pièces A et B : vous obtenez les 2 parties extérieures de la trousse.
5. Posez la fermeture à glissière entre les parties extérieures bicolores et les doublures A, pour chaque côté de la trousse (voir p. 9).
6. Posez la pièce obtenue sur le plan de travail, de façon à placer les parties extérieures endroit contre endroit et les doublures endroit contre endroit. Rentrez les bords de la fermeture du côté des doublures et ouvrez celle-ci en partie.
7. Piquez tout autour en commençant par le bas côté doublure, en laissant une ouverture de 10 cm sur le fond de la doublure. Crantez les parties arrondies, puis retournez la trousse sur l'endroit (voir le dessin p. 16).
8. Fermez l'ouverture de la doublure à points glissés.

LES FINITIONS

1. Fixez le nœud au centre du ruban par un petit point glissé.
2. Coupez 12 cm de ruban et taillez les extrémités en biais. Enfilez-le sur la tirette de la fermeture : faites 1 boucle avec un fil solide, placez la bande de tissu à cheval dans la boucle, passez les 2 extrémités du fil dans le chas de la tirette et tirez pour faire sortir le ruban.
3. Nouez les 2 extrémités de la bande.

Astuce

Pour réaliser vos gabarits, utilisez des cartons légers comme des boîtes de céréales ou des boîtes d'emballages cadeaux.

ENVELOPPE NOUÉE

So chic avec sa forme audacieuse et son pompon brillant !

FOURNITURES

- Du coton orange à motifs, violet à triangles ou violet à pois (A) : 22 x 30 cm
- Du coton à grosses fleurs, uni aubergine ou noir pour la doublure (B) : 22 x 30 cm
- 1 fermeture à glissière non séparable assortie : 20 cm
- 1 pression Kam rose, verte ou grise
- 1 gland rose, aubergine ou noir
- Le petit matériel de couture

Astuce

Ne remplissez pas trop la trousse pour qu'elle conserve sa forme de nœud.

LA COUPE

Dans chaque tissu, découpez 2 rectangles de 22 x 11 cm et 1 rectangle de 22 x 6 cm.

L'ASSEMBLAGE

1. Posez la fermeture entre les tissus A et B, pour chaque côté de la trousse (voir p. 9).

2. Posez le rectangle obtenu sur le plan de travail, de façon à placer les 2 tissus A endroit contre endroit et les 2 tissus B endroit contre endroit. Rentrez les bords de la fermeture du côté des tissus B et ouvrez celle-ci en partie.
3. Piquez tout autour du rectangle en commençant par le bas de B, en laissant une ouverture de 10 cm du côté de B (voir le dessin de la trousse Basique, p. 16).
4. Retournez la trousse sur l'endroit par l'ouverture de la doublure, puis fermez l'ouverture à points glissés.
5. Placez les 2 rectangles A et B restants endroit contre endroit. Piquez sur 3 côtés en commençant par une des longueurs, puis retournez la patte sur l'endroit par l'ouverture.
6. Faites un rentré de 1 cm vers l'intérieur au niveau de l'ouverture. Repassez.
7. Fixez une partie de la pression Kam en suivant les instructions du fournisseur, à 4,5 cm de la partie ouverte de la patte, côté à clipser sur A. Fixez l'autre partie de la pression à 1,5 cm sur l'autre bout de la patte, en posant cette fois la partie plate sur A.
8. Centrez la patte sur la trousse en laissant environ 7,7 cm de chaque côté, côté ouvert le long de la fermeture. Bâtissez. Piquez la patte le long de la fermeture en cousant en aller-retour.

LES FINITIONS

Clipsez la pression pour former le nœud.
Attachez le gland dans le chas de la tirette de la fermeture.

MINAUDIÈRE

Pour compléter avec élégance votre tenue, la minaudière épouse tous les styles.

FOURNITURES

- Du coton gris à fleurs, vieux rose ou à motifs indiens (A) : 27 x 30 cm
- Du coton assorti pour la doublure (B) : 27 x 30 cm
- Du thermocollant violet à motifs, marron à fleurs ou turquoise à pois (C) : 17 x 12,5 cm
- 1 fermoir métallique de 18 cm de long
- Du coton à broder gris, rose ou turquoise
- 2 glands de suédine gris, marron ou turquoise
- 2 anneaux de fixation de 0,8 cm de diamètre
- Du bristol
- 1 pince plate
- Le petit matériel de couture

LA COUPE

1. Reproduisez le gabarit sur le bristol (voir p. 144), puis reportez-le 2 fois sur l'envers des tissus A et B. Reportez le repère en pointillé. Découpez les 4 pièces.
2. Reproduisez le triangle du gabarit sur le bristol, puis reportez-le 2 fois sur le tissu C. Reportez le repère en pointillé. Découpez.

Tissus A

Tissus C

L'ASSEMBLAGE

La trousse

1. Placez le triangle C sur la pièce A, envers contre endroit et alignez les repères en pointillé. Thermocollez le triangle.
2. Répétez l'opération avec l'autre triangle sur l'autre pièce A, puis placez les 2 pièces ainsi obtenues endroit contre endroit. Piquez ensemble la partie basse, jusqu'au décroché. Retournez.
3. Superposez les 2 pièces B de la même façon et piquez la partie basse jusqu'au décroché, en laissant une ouverture centrale d'environ 12 cm.
4. Enfilez l'extérieur de la trousse à l'intérieur de la pièce B obtenue à l'étape précédente, endroit contre endroit. Alignez bien les bords, épinglez tout autour, bâtissez et piquez.
5. Retournez la trousse par l'ouverture de la doublure. Replacez bien les angles, puis fermez l'ouverture de la doublure à points glissés. Repassez soigneusement tout le tour de l'ouverture.

Le fermoir

1. Insérez soigneusement les bords de la trousse dans le fermoir, en commençant par les côtés au niveau des charnières. Pour bien centrer le fermoir, comptez les trous et alignez la pointe du triangle sur le trou central.
2. Bâtissez à grands points en piquant dans 1 trou sur 2 sur le tour extérieur du fermoir.
3. Enfilez une aiguillée de 120 cm de coton à broder, en 4 brins. En partant de la charnière, cousez le 1er côté du fermoir au point avant : enfilez l'aiguille dans un trou et ressortez-la dans le suivant. Vous obtenez des pointillés. Arrivé-e à l'extrémité, repartez en sens inverse en comblant les espaces vides. Arrêtez le fil.
4. Répétez l'opération sur l'autre partie du fermoir.

LES FINITIONS

Avec une pince plate, ouvrez l'anneau de fixation. Introduisez-le dans le crochet du fermoir et glissez-y le gland, puis refermez avec la pince. Répétez l'opération avec l'autre pompon.

Astuce

Pour régler le fer à repasser à la bonne température, faites toujours un essai avec un morceau de thermocollant.

POCHETTE STYLÉE

Toute en rondeur, elle s'ourle de croquet, de ganse ou de dentelle.

FOURNITURES

- Du Liberty enduit, du coton gris à pois ou anis à pois (A) : 24 x 40 cm
- De la flanelle verte, du coton noir ou à rayures (B) : 26 x 50 cm
- De la dentelle verte, du passepoil rose fluo ou du croquet turquoise : 100 cm
- 1 bouton magnétique à coudre
- 1 bouton rose, fluo ou vert
- Du bristol
- Du papier-calque
- 1 compas
- Le petit matériel de couture

LA COUPE

1. Reproduisez le demi-gabarit sur le papier-calque (voir p. 145), puis reportez-le sur le bristol de façon à obtenir la pièce entière. Reportez les repères des pinces. Découpez.
2. Répétez l'opération avec la partie basse du gabarit.
3. Reportez le gabarit complet et le gabarit de la partie basse sur l'envers des tissus A et B. Reportez les repères. Découpez.
4. Dans le tissu B, découpez 1 cercle de 10 cm de diamètre.

L'ASSEMBLAGE

1. Sur les 4 pièces obtenues, formez les pinces en épinglant les repères placés face à face. Piquez et coupez le surplus.
2. Posez les 2 pièces de la partie basse endroit contre endroit, puis piquez le côté opposé aux pinces. Retournez sur l'endroit, repassez et surpiquez bien au bord de la partie cousue.
3. Épinglez la dentelle, le passepoil ou le croquet tout autour de la pièce en tissu A, sur l'endroit. Veillez à placer la partie visible en fin de travail à l'intérieur de la pièce et la jonction des extrémités sous la trousse, de façon qu'elles se chevauchent et qu'elles dépassent de 1 cm sur l'extérieur. Bâtissez et piquez (voir pose du passepoil p. 10).
4. Placez le bas de la trousse préparé précédemment sur le gabarit complet en tissu A, endroit du tissu B contre endroit du tissu A. Épinglez en superposant bien les pinces et piquez uniquement le fond entre les pinces.
5. Posez la pièce B sur l'ouvrage, endroit de B contre endroit de A. Épinglez, bâtissez, puis piquez tout autour en laissant une ouverture d'environ 10 cm sur le fond. Commencez la couture 2 cm avant une pince et terminez-la 2 cm après l'autre pince.
6. Retournez la trousse par l'ouverture de la doublure et fermez-la à points glissés. Repassez.

LES FINITIONS

1. Formez un yoyo avec le cercle B : faites un rentré de 2 mm autour du cercle, bâtissez au point avant, puis tirez sur le fil de fronce et nouez.
2. Placez le bouton sur le yoyo, sur la partie extérieure du rabat, de façon que les trous du bouton soient placés au centre du rabat, à 1 cm du bord. Fixez ensemble la partie plate de la pression magnétique, sur l'envers du rabat, et le yoyo recouvert par le bouton.
3. Fixez l'autre partie de la pression magnétique sur la partie basse de la trousse, en centrant les trous de couture à 4 cm du bord supérieur.

POCHETTE DU SOIR

Version lamée pour une soirée chic, framboise pour un week-end en amoureux ou noire pour un dîner aux chandelles.

FOURNITURES

- Du similicuir autruche noir, du lin lamé or ou du similicuir rouge (A) : 26 x 50 cm
- Du coton à motifs noirs et blancs, à fleurs ou à taches blanches et rouges (B) : 31 x 50 cm
- Du cordon spaghetti rose fluo, à fleurs ou à pois : 50 cm
- 1 gros bouton rond en forme de rose, de fleurs ou graphique
- Du papier calque
- Du bristol
- Le petit matériel de couture

LA COUPE

1. Reproduisez le gabarit du rabat sur le papier-calque (voir p. 145), puis reportez-le sur le bristol de façon à obtenir la pièce entière. Reportez le repère de couture du cordon. Découpez.

2. Tracez 1 carré de 26 cm de côté sur l'envers du tissu A. Placez le gabarit à l'extérieur du carré le long d'un de ses côtés, arrondi à gauche, en alignant bien les bords. Reportez-le, sans oublier le repère de couture du cordon. La pièce est séparée en deux par la ligne de limite du rabat. Découpez.

3. Répétez l'opération sur l'envers du tissu B, en inversant le gabarit de façon que l'arrondi se retrouve à droite, pour respecter l'asymétrie.

4. Coupez 1 bande de 4,5 x 32 cm dans le tissu B.

L'ASSEMBLAGE

1. Avec le fer, marquez un rentré de 1 cm de chaque côté de la bande B, comme pour un biais. Aplatissez bien.

2. Placez la pièce A envers contre la surface de travail, rabat vers le bas. L'arrondi se trouve à gauche. Tracez 2 repères sur le côté gauche de la pièce, à 15,5 cm et à 17 cm du haut, et 2 sur le côté droit, à 3 cm et à 5,5 cm du haut **(1)**.

3. Alignez la bande B sur les marques et piquez de chaque côté, bien au bord. Coupez les surplus extérieurs de tissu.

4. Superposez A et B, endroit contre endroit. Insérez le cordon entre les 2 tissus en respectant le sens du repère et en le laissant dépasser de 2 cm. Épinglez, puis cousez l'arrondi du rabat et le fond de la pochette, du côté opposé **(2)**.

5. Écartez A et B du corps de la pochette et alignez la couture du fond sur la limite du rabat. Chaque tissu forme 1 rectangle isolé **(3)**.

6. Rentrez le cordon dans le rabat. Piquez les 2 côtés du rectangle formé par A jusqu'à la couture centrale, sans piquer sur celle-ci **(3)**.

7. Piquez l'un des côtés du rectangle formé par B jusqu'à la couture centrale, sans piquer sur celle-ci. Sur l'autre côté, piquez uniquement 2 cm à chaque extrémité **(3)**.

8. Retournez la pochette sur l'endroit par l'ouverture de la doublure, sortez bien les angles et fermez l'ouverture à points glissés (voir p. 8).

9. Repassez l'ouvrage, épinglez tout autour de l'ouverture en laissant apparaître 1 mm de tissu B, puis piquez bien au bord.

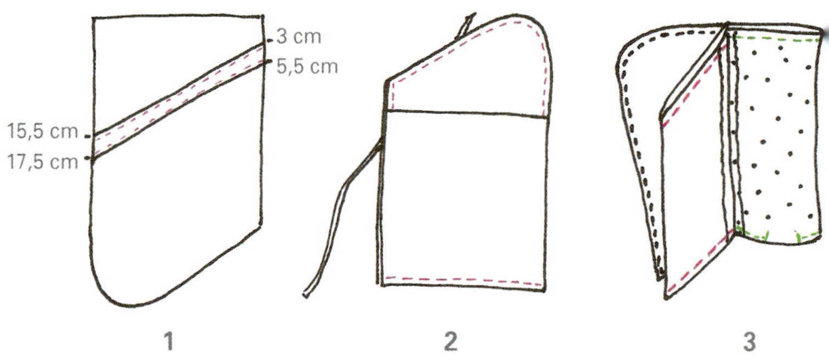

LES FINITIONS

Fixez le bouton sur la bande B à 8 cm du bord droit et entourez le lien autour du bouton pour fermer la pochette.

ORGANISEUR DE SAC

Un organiseur multipoches qui s'intègre astucieusement dans tous les sacs à main.

FOURNITURES

* De la toile bleu marine, du coton enduit à motifs ou du coton gris (A) : 40 x 60 cm
* Du Liberty à étoiles, du coton rouge ou de la batiste rose (B) : 30 x 62 cm
* Du coton beige à pois, moutarde à fleurs ou de la batiste grise à pois (C) : 30 x 62 cm
* Du biais Liberty à étoiles, moutarde à motifs ou argenté : 74 cm
* 1 porte-clés mousqueton
* 1 bouton nuage, à motif kokeshi ou à papillons
* 1 pression Kam bronze, rouge ou rose ou 1 pression à coudre
* Le petit matériel de couture

LA COUPE

Découpez :

• 2 rectangles de 40 x 30 cm dans le tissu A ;
• 2 rectangles : 30 x 29 cm et 30 x 33 cm dans le tissu B ;
• 2 rectangles : 30 x 29 cm et 30 x 33 cm dans le tissu C.

LA PRÉPARATION

1. Posez le rectangle C de 30 x 33 cm endroit contre le plan de travail. Superposez le rectangle B de 30 x 29 cm, envers contre envers, en le centrant dans la largeur.

2. Faites un rentré de 1 cm avec le tissu en surplus sur un des longs côtés. Marquez-le au fer, puis faites un autre rentré de 1 cm afin de recouvrir le tissu B à la façon d'un biais. Épinglez et piquez au ras du tissu C. Répétez l'opération de l'autre côté.

3. Répétez ces 2 étapes en utilisant cette fois le rectangle B de 30 x 33 cm et le rectangle C de 30 x 29 cm.

4. Pliez les 2 rectangles A en deux dans la longueur, envers contre envers, de façon à obtenir 2 rectangles de 30 x 20 cm. Écrasez avec le doigt pour bien marquer les plis.

5. Répétez l'étape 4 avec la pièce B bordée par le tissu C, obtenue à l'étape 2, puis avec la pièce C bordée par le tissu B, obtenue à l'étape 3.

6. Superposez les pièces deux par deux, tissu C contre tissu A pour l'une, et tissu B contre tissu A pour l'autre, en alignant les plis formés sur les 2 tissus. Épinglez sur la ligne et piquez.

LES COMPARTIMENTS

1. Sur la pièce avec le tissu B à l'extérieur, placez des épingles de part et d'autre de la couture centrale : d'un côté, marquez 1 séparation au milieu du rectangle, et de l'autre, marquez 2 séparations à 11,5 cm de chaque extrémité. Piquez les lignes ainsi marquées, en partant de la bordure de tissu C.

2. Sur la pièce avec le tissu C à l'extérieur, placez des épingles d'un côté de la couture centrale, de façon à marquer 2 séparations à 10 cm des bords. Piquez les lignes ainsi marquées. De l'autre côté, posez 1 pression Kam au centre de la poche ou cousez 1 pression.

LA TROUSSE

1. Coupez 12 cm de biais, enfilez le mousqueton dessus, pliez le morceau de biais en deux et piquez tout autour.

2. Repliez les 2 pièces endroit contre endroit sur la couture centrale et épinglez les côtés.

3. Placez le mousqueton plié en deux à l'intérieur de la pièce avec la bordure C, 3 cm sous la bordure, en le laissant dépasser de 1 cm à l'extérieur. Piquez les côtés de chaque pièce.

4. Réalisez le fond de la trousse, de façon à obtenir des angles de 6 cm (voir p. 10).

5. Retournez la partie avec la bordure en tissu C sur l'endroit, puis insérez l'autre partie à l'intérieur, envers contre envers, en plaçant bien les angles les uns dans les autres.

6. Piquez les 2 parties ensemble au ras du bord supérieur, puis coupez les 3 mm de doublure qui dépassent.

7. Posez le biais en commençant par l'intérieur (voir p. 10). Cousez le bouton au centre de la partie haute.

TROUSSE FILLETTE

Pleines d'humour et de fantaisie, ces trousses pimpantes feront la joie des petites comme des grandes !

FOURNITURES

* De la toile écrue, rose ou chocolat (A) : 22 x 52 cm
* Du coton à motifs pour les joues (B) : 22 x 42 cm
* Du nid-d'abeilles orange, du velours jaune ou de l'éponge bouclette (C) : 22 x 18 cm
* Du thermocollant double face : 6 x 12 cm
* 1 fermeture à glissière séparable assortie de 20 cm de long
* De la cordelière tressée orange, jaune ou noir : 100 cm
* Du coton à broder jaune fluo, rose ou blanc : 200 cm
* Du coton à broder noir, rouge, rose ou bordeaux : 50 cm
* 2 nœuds vert anis, roses à pois blancs ou vichy
* Du papier-calque
* Du bristol
* 1 compas
* Le petit matériel de couture

LA COUPE

1. Reproduisez les cheveux sur le papier-calque (voir p. 36), puis reportez ce gabarit sur le bristol. Découpez.
2. Découpez 2 rectangles de 22 x 17 cm dans les tissus A et B.
3. Tracez 1 cercle de 6 cm de diamètre dans le bristol et découpez-le. Placez-le sur 1 angle d'un des 4 rectangles précédemment découpés, de façon qu'il touche les 2 côtés de l'angle droit. Tracez l'arrondi et coupez sur le trait. Répétez l'opération pour l'autre angle du long côté, puis sur les 3 autres rectangles.
4. Tracez 1 rectangle de 21 x 11 cm sur l'envers du tissu A. Placez le gabarit des cheveux à l'extérieur du rectangle le long d'un grand côté, couette large à droite, en alignant les bords. Reportez-le, puis découpez le tout.
5. Répétez l'opération sur l'envers du tissu C, en inversant le gabarit.
6. Découpez 2 carrés de 6 cm de côté dans le tissu B et dans le thermocollant.

L'ASSEMBLAGE

Le visage

1. Reportez les yeux et la bouche sans trop appuyer sur l'endroit d'un des rectangles A, côté arrondi vers le bas.
2. Au point arrière, brodez le contour des yeux et les cils avec le coton noir et le contour des lèvres avec l'autre coloris.
3. Thermocollez les carrés de thermocollant sur l'envers des carrés B. Tracez 1 cercle de 5 cm de diamètre sur chaque carré, puis découpez. Thermocollez les cercles obtenus sur les joues, à 2,5 cm de l'arrondi.

La trousse

Posez la fermeture entre A et B, de chaque côté de la trousse (voir p. 9), puis cousez la trousse en suivant les étapes 3 et 4 de l'assemblage de la trousse Basique (voir p. 16).

Les cheveux

1. Posez les tissus A et C restants endroit contre endroit. Épinglez tout autour.
2. Coupez 6 fois 12 cm dans la cordelière. Insérez 3 cordons entre les 2 tissus, dans chaque arrondi, en les laissant dépasser de 2 cm, pour former les tresses.
3. Piquez tout autour en commençant par le côté opposé aux tresses. Laissez une ouverture centrale de 12 cm sur ce côté. Retournez sur l'endroit et surpiquez bien au bord pour fermer.
4. Placez la chevelure endroit contre la surface de travail, tresses en l'air. Posez la trousse par-dessus, 6 cm au-dessus du bord droit, visage face à vous. Bâtissez par l'intérieur de la trousse le long de la fermeture, puis piquez les 2 parties ensemble, toujours par l'intérieur, à 1 cm de la fermeture.
5. Retournez la trousse visage sur la surface de travail et fixez la partie basse de la chevelure par un petit point à la main sur chacun des angles extérieurs, sur le dos de la trousse.

LES FINITIONS

1. Coupez 20 cm de coton. Enroulez-le 7 fois autour de la cordelière, nouez et coupez.
2. Cousez un petit nœud sur chaque tresse centrale, au ras du tissu des cheveux. Faites quelques points au niveau du bord supérieur gauche de la frange, pour figurer une barrette.

Gabarit à taille réelle

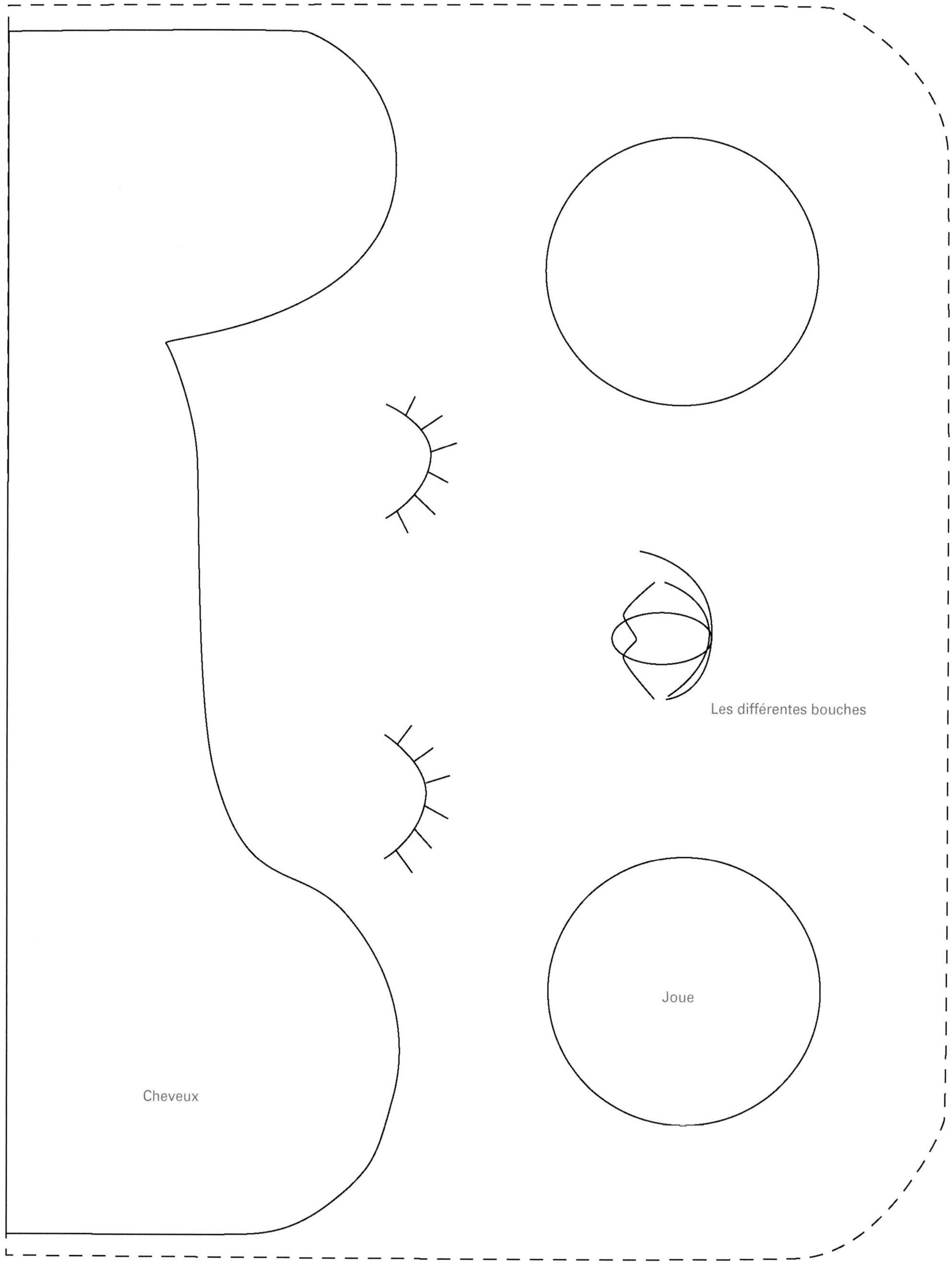

LES BROCHES

FLEUR POMPON

C'est le mélange des matières et des coloris qui fait le charme de ces broches fleurs.

FOURNITURES

- Des bandes de tissu de matières et de coloris différents : toile cirée, laine bouillie, toile de jean, Liberty, similicuir, vichy, coton à pois... (fleurs) : 5 x 15 cm et 5 x 20 cm
- De la feutrine jaune, kaki ou bleue (feuilles) : 5 x 15 cm
- Du bristol
- De la colle textile
- 1 attache de broche
- Le petit matériel de couture

Conseil

Pour les feuilles, utilisez de préférence un tissu épais et rigide (feutrine, tweed, laine bouillie...). Pour les pétales, adaptez la longueur de la bande découpée à l'épaisseur du tissu. Pour un tissu épais, 15 cm suffiront, alors que pour un tissu fin il faudra presque 30 cm.

LA COUPE

Recopiez le gabarit de la feuille sur du bristol. Découpez la forme, puis servez-vous en pour couper 3 feuilles dans la feutrine.

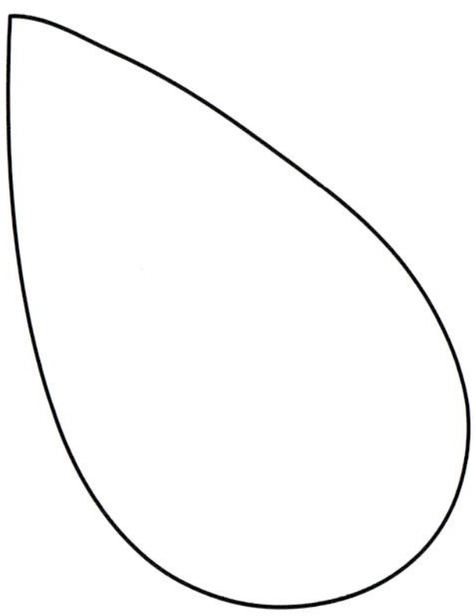

L'ASSEMBLAGE

1. Pliez en deux les différentes bandes de tissu dans le sens de la longueur pour obtenir 1 bande de 2,5 x 20 cm (ou de 2,5 x 15 cm pour la broche fleur verte). Collez uniquement le bord pour tenir le pli.
2. Coupez des fentes de 1,5 cm de long, tous les 0,5 cm sur le bord plié pour créer les pétales bouclés.
3. Enroulez la bande de tissu sur elle-même en la fixant par un point de colle, puis bloquez le pompon avec un point de couture.
4. Assemblez les 3 pompons ensemble avec quelques points. Assemblez les 3 feuilles et cousez-y les pompons.
5. Fixez l'attache de broche avec la colle textile, puis collez un fond en feutrine sur l'arrière de la broche.

COCARDE À MÉDAILLON

Vous êtes la meilleure : excellente raison pour vous décerner une décoration !

FOURNITURES

- Du lin, du coton imprimé fleuri ou à motifs (A) : 30 cm de long
- Du coton à pois, du Liberty ou du coton à motifs pop (B) : 30 cm de long
- Du ruban en lin, en dentelle ou à motifs orange : 30 cm
- 1 bouton fantaisie de 1,5 cm de diamètre
- 1 médaillon à coudre
- 1 portrait photo
- 1 attache de broche
- Le petit matériel de couture

LA COUPE

1. Coupez 1 bande de 4 x 30 cm dans le tissu A et 1 autre de 4 x 30 cm dans le tissu B.
2. Coupez la photo au diamètre du médaillon choisi.

L'ASSEMBLAGE

1. Passez un fil tout le long d'un côté de la bande A et froncez fort. Bloquez par un point d'arrêt pour fermer en cercle, puis faites quelques points pour assembler les 2 extrémités et maintenir en cercle la cocarde.
2. Procédez de la même manière avec la bande B.
3. Cousez les 2 cocardes ensemble en plaçant le bouton central.
4. Assemblez ensemble le ruban et la dentelle, puis cousez-les à l'arrière de la cocarde.
5. Fixez le médaillon et l'attache de broche avec quelques points.

Astuce

Amusez-vous avec le médaillon à coudre : placez-y des jolies photos de famille anciennes, des petites gravures ou bien des illustrations.

PETITE HULOTTE

Chouette ! Votre animal totem à afficher sur votre veste.

FOURNITURES

- De la feutrine blanche, du cuir roux ou du lin blanc (visage et ailes) : 10 x 10 cm
- De la feutrine beige, du cuir foncé ou du coton à pois (corps) : 10 x 10 cm
- De la feutrine jaune, du tweed ou de la feutrine rose (fond) : 10 x 10 cm
- Du Liberty (fleurs, motifs ou tartan) (D) : 10 x 5 cm
- Du ruban (jaune, marine ou rose) : 10 cm
- 1 bouton en nacre de 6 mm de diamètre
- Du fil à broder : gris, jaune, marine, jaune, rose
- Du fil à coudre assorti
- De la colle textile
- 1 attache de broche
- Le petit matériel de couture

L'ASSEMBLAGE

1. Sur le visage, brodez les 2 yeux avec le fil à broder en suivant le modèle, puis brodez un petit V pour représenter le bec.
2. Collez le visage brodé sur le corps.
3. Formez un nœud avec le ruban et cousez-y le bouton. Placez l'ensemble en haut à droite de la chouette.
4. Collez les 2 ailes D sur les ailes en feutrine, puis collez l'ensemble sur le corps.
5. Collez le ventre en tissu D entre les 2 ailes directement sur le corps.
6. Collez l'ensemble obtenu sur le fond, puis brodez au point de feston tout le pourtour avec le fil à coudre.
7. Cousez l'attache de broche à l'arrière.

LA COUPE

Reproduisez les gabarits sur du papier (voir ci-dessous), puis découpez-les et reportez-les sur les tissus correspondants : le gabarit **1** sur le tissu du visage, le gabarit **2** sur le tissu du corps, le gabarit **3** sur le tissu du fond et le gabarit **4** sur le tissu D. Découpez.

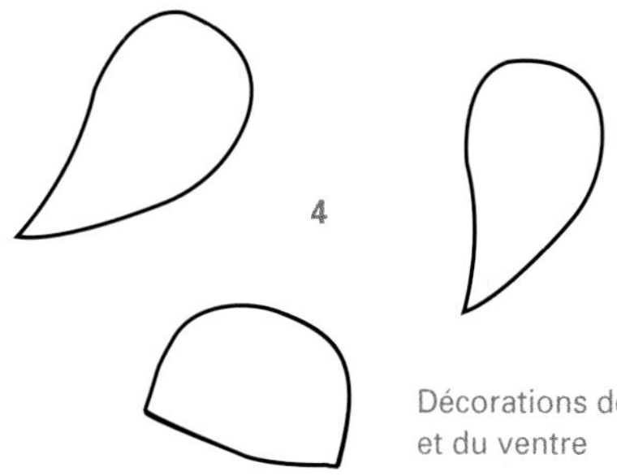

Décorations des ailes et du ventre

Éléments en feutrine

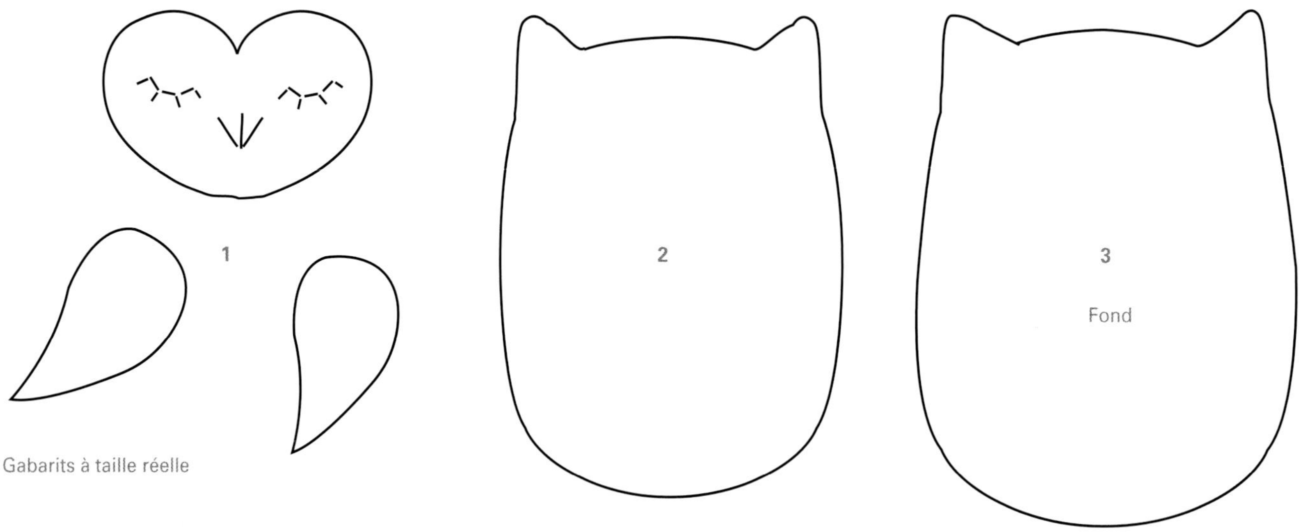

Gabarits à taille réelle

OISEAU SUR LA BRANCHE

Un peu de poésie sur une tenue ne fait jamais de mal !

FOURNITURES

- De la feutrine de 2 mm d'épaisseur, jaune, orange ou aubergine (oiseau) : 5 x 10 cm
- De la feutrine de 2 mm d'épaisseur, verte, beige ou violette (branche) : 10 x 15 cm
- Des cotons imprimés à pois, à fleurs, rayés, unis, du lin, de la soie... (fleurs) : 1,5 x 15 cm
- Du Liberty (nœud) : 1,5 x 15 cm
- Du tulle floqué, doré ou argent (ailes) : 5 x 5 cm
- 5 sequins, 1 petite perle
- Du fil à broder doré
- De la colle textile
- 1 attache de broche
- Le petit matériel de couture

LA COUPE

1. Reproduisez les 3 gabarits sur du papier, puis découpez-les.
2. Reportez le gabarit de l'oiseau sur la feutrine, puis découpez.
3. Faites la même chose 2 fois pour la branche sur la feutrine et 1 fois pour l'aile sur le tulle. Découpez les différents tissus.

L'ASSEMBLAGE

1. Sur la feutrine, collez 1 sequin, puis la perle pour créer l'œil de l'oiseau. Brodez le bec avec le fil à broder **(1)**.
2. Enroulez le tulle sur lui-même et cousez-le sur la feutrine avec le fil à broder.
3. Torsadez très fort la bande de Liberty sur la longueur et formez un nœud. Cousez-le sur l'oiseau **(1)**.
4. Pour faire les fleurs, pliez chaque tissu en deux sur la longueur, faites un nœud à une des extrémités. Enroulez le tissu successivement autour du nœud en le torsadant et en posant régulièrement un point de colle. Faites si besoin un point d'arrêt pour maintenir le tout.
5. Cousez les 3 fleurs sur la branche et les 4 sequins restants sur la branche **(2)**.
6. Assemblez l'oiseau à la branche en brodant 2 pattes avec le fil à broder **(2)**.
7. Pour finir, collez la 2de branche en feutrine à l'arrière pour consolider le tout, puis cousez l'attache de broche.

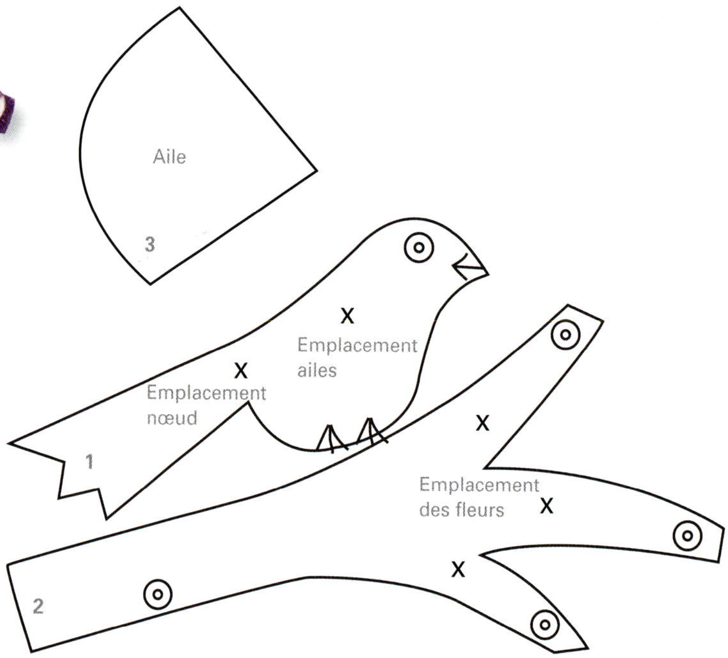

Gabarits à taille réelle

SAKURA

Une bien jolie représentation de la fleur de cerisier, si chère au cœur des Japonais.

FOURNITURES

* Du Liberty, du coton imprimé écossais, à motifs ou à rayures : 10 x 10 cm pour chaque fleur
* Du fil à broder assorti à chaque tissu
* Des perles (nacrées, rouges, bleues...)
* 1 compas
* De la ouate
* 1 attache de broche
* Le petit matériel de couture

LA COUPE

1. Sur du papier, et à l'aide du compas, tracez 1 cercle de 9,5 cm de diamètre et 1 autre de 7,5 cm. Reportez le cercle de 9,5 cm sur le tissu A, puis découpez-le.
2. Reportez le cercle de 7,5 cm sur les tissus B et C, puis découpez-les.

L'ASSEMBLAGE

1. Passez un fil à coudre sur toute la circonférence du tissu A, froncez légèrement et remplissez de ouate en tassant bien. Froncez fortement pour fermer totalement et bloquez par un point d'arrêt.
2. Avec une aiguillée de fil à broder, piquez par l'arrière, au centre, ressortez sur le devant, faites le tour et repiquez à l'arrière en serrant bien. Vous avez créé la 1re séparation. Procédez encore 5 fois de la même manière pour obtenir 6 parties égales. Terminez par un point d'arrêt au centre à l'arrière.
3. Cousez 1 perle au centre.
4. Répétez les étapes 1 à 3 avec les tissus B et C.
5. Assemblez les 3 fleurs avec quelques points, puis cousez l'attache de broche à l'arrière.

Astuce

N'hésitez pas à varier les dimensions des fleurs, de jouer sur les échelles ou d'ajouter 1 ou 2 pièces, pour réaliser de plus gros bouquets.

GUITARE

I can't get no... satisfaction !
Affichez fièrement votre amour du rock !

FOURNITURES

- Du coton à carreaux multicolores, du similicuir noir ou du coton turquoise (A, guitare) : 5 x 15 cm
- De la feutrine noire, rose ou bleue (B, fond de la guitare et de l'étoile) : 5 x 15 cm
- Du thermocollant jaune fluo, rose fluo ou irisé (C) : 5 x 5 cm
- Du coton rouge, du jean noir ou du coton à damier (D, étoile) : 5 x 5 cm
- Des perles de couleurs : jaune, rose, marine, transparente, argent...
- Du fil à coudre jaune fluo, rose fluo ou doré
- Du fil à broder noir, rose fluo ou gris
- 1 chaîne en argent, à strass ou bronze : 20 cm
- De la colle textile
- 1 attache de broche
- Le petit matériel de couture

L'ASSEMBLAGE

1. Thermocollez le tissu C au centre de la guitare découpée dans le tissu A.
2. Brodez les 3 cordes avec le fil à coudre, en 2 fois : une 1re longueur sur le corps et le manche de la guitare, puis 1 cm au niveau de la « tête ».
3. Cousez les 6 perles (voir gabarit **1**).
4. Collez l'ensemble sur la guitare de tissu B. Brodez tout le tour au point de feston avec le fil à broder.
5. Collez l'étoile sur l'étoile en tissu B.
6. Cousez les 5 perles sur les pointes de l'étoile.
7. Cousez la chaîne à l'arrière de la guitare et de l'étoile, en recoupant la longueur à environ 12 cm.
8. Collez l'attache de broche derrière la guitare.

LA COUPE

1. Reproduisez les 3 gabarits sur du papier (voir ci-dessous) et découpez-les.
2. Reportez le gabarit de la guitare sur les tissus A et B, puis découpez.
3. Procédez de la même manière pour le gabarit **2** sur le tissu C, puis pour le gabarit **3** sur les tissus B et D.

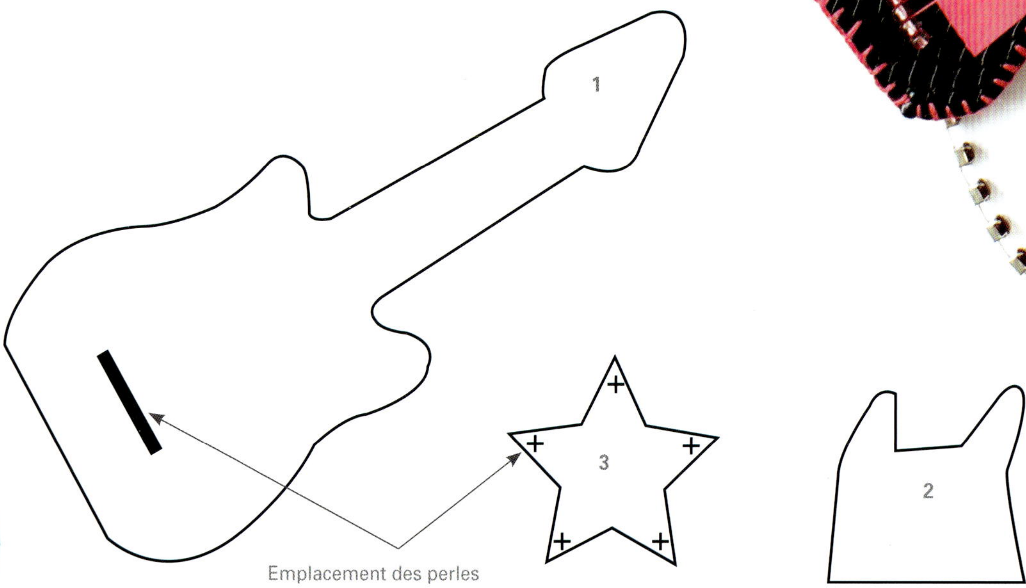

Emplacement des perles

Gabarits à taille réelle

VOL. 4
SITAR BEAT
Indian Style Heavy Funk
SOUL
SIDE A
1. Biddu feat. Manhar & Anand
Hum Tumhe Chate Hain (edit) 2:14
2. Hum Tumhe Chate Hain Bonus Beats 2:41
GRI-007

ÉPINGLE DE NOURRICE

Chutes de ruban et bouts de tissu créent d'adorables broches à épingler sur un revers de col.

FOURNITURES

* Du jean, du tweed gris ou du coton fleuri (A) : 10 x 10 cm
* Du wax, du coton brodé ou du vichy (B) : 10 x 10 cm
* Du ruban à motifs : 15 cm
* Du ruban de dentelle ou à pois : 15 cm
* 1 charm's trèfle, cerise ou grelot
* 1 grosse épingle de nourrice
* De la colle textile
* Le petit matériel de couture

LA COUPE

1. Coupez le tissu A à la largeur de l'épingle de nourrice et coupez 2 pointes au bas pour former un V à l'envers.
2. Coupez le tissu B pour qu'il soit plus étroit que le tissu A et coupez 2 pointes au bas pour former un V à l'envers.
3. Coupez en biseau une des extrémités des 2 rubans.

L'ASSEMBLAGE

1. Collez le tissu A à cheval sur l'épingle de nourrice, puis le tissu B sur le tissu A.
2. Assemblez les 2 rubans sur le tissu B, puis collez-les.
3. Fixez le charms en haut du tissu.

Astuce

Vous pouvez remplacer le charms par des perles ou encore par un médaillon photo.

PETITE FLÈCHE

C'est Cupidon qui va désormais dicter vos journées !

FOURNITURES

- Du similicuir turquoise, rouge ou argent (A) : 5 x 10 cm
- Du similicuir noir, rose ou bronze (B) : 5 x 10 cm
- Du similicuir rouge, blanc ou doré (C) : 5 x 5 cm
- De la feutrine violette, blanche ou jaune (D)
- Du tissu imprimé oiseaux, fleuri ou imprimé plumes (E)
- Du tissu à pois, du Liberty ou du tissu imprimé (F)
- Du coton à pois blancs, à pois rouges ou imprimé gouttes (G)
- Des perles de rocailles de différentes couleurs
- Du fil à broder doré
- De la colle textile
- 1 attache de broche
- Le petit matériel de couture

L'ASSEMBLAGE

1. Collez le bout de la flèche B à l'arrière de la flèche A. Coupez le lacet en pointe et collez-le sur le tissu A.
2. Avec le fil à broder, cousez la plume de gauche en superposant les tissus les uns sur les autres, puis enfilez les perles sur la même aiguillée (ici rouges, argent ou dorées). Ne coupez pas le fil afin de coudre ensuite chaque ensemble (perles et plumes) à l'arrière de la flèche.
3. Répétez l'opération avec les tissus de la plume centrale en utilisant les perles (ici marine, rouges ou grises) et renouvelez-la une 3e fois avec les tissus de la plume de droite avec les perles (ici gris foncé, nacrées ou grises).
4. Collez la 2de flèche A sur l'arrière, cela permettra de cacher les coutures d'assemblage.
5. Collez l'attache de broche.

LA COUPE

1. Reproduisez les 6 gabarits sur du papier (voir ci-dessous) et découpez-les.
2. Reportez 2 fois le gabarit **1** sur le tissu A, puis découpez.
3. Reportez le gabarit **2** sur le tissu B.
4. Pour la plume de gauche, reportez le gabarit **3** sur le tissu A, coupez et faites quelques fentes. Reportez le gabarit **5** sur le tissu E, puis le gabarit **6** sur le tissu G.
5. Pour la plume centrale, reportez le gabarit **4** sur le tissu C et le gabarit **3** sur le tissu D. Coupez et faites quelques fentes. Reportez ensuite le gabarit **5** sur le tissu F.
6. Pour la plume de droite, reportez le gabarit **4** sur le tissu B. Coupez et faites quelques fentes. Reportez ensuite le gabarit **5** sur le tissu E, puis le gabarit **6** sur le tissu G.

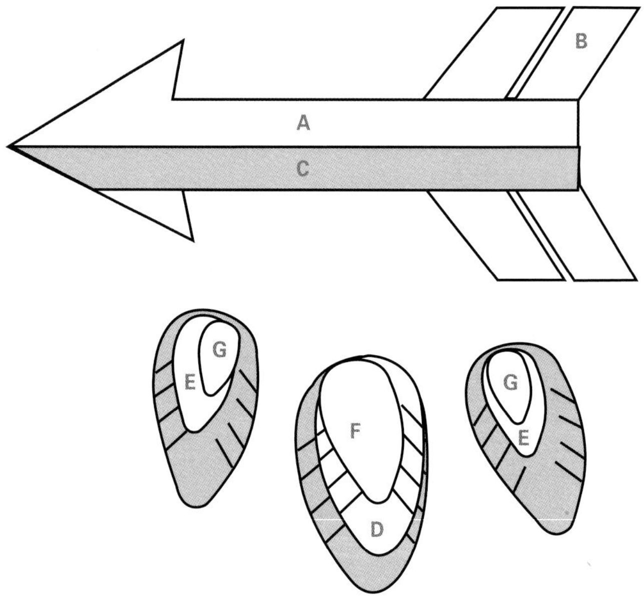

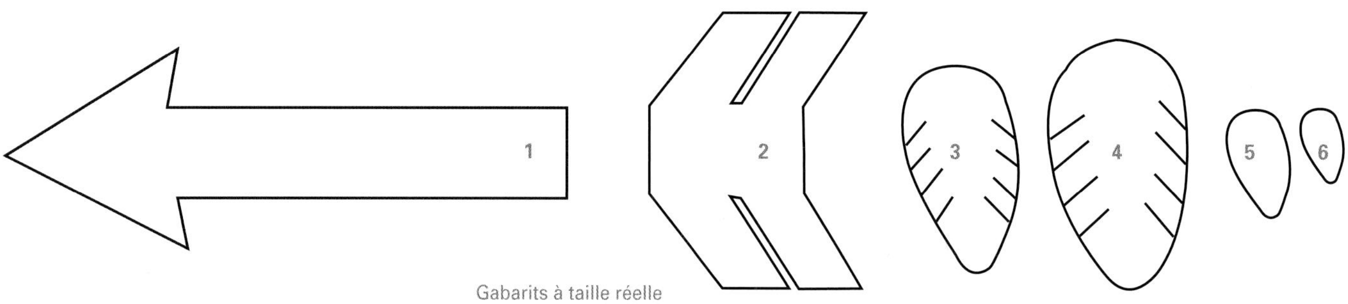

Gabarits à taille réelle

2
3
4

CAMÉE

À la manière des bijoux anciens pour un look très romantique.

FOURNITURES

- Du lin écru, de la feutrine turquoise ou du vinyle rouge (A) : 10 x 10 cm
- De la toile de Jouy rose, du lin beige ou du chambray (B) : 10 x 10 cm
- Du croquet rose fluo, lurex ou marine
- Du galon rose, du ruban de velours doré ou du ruban rayé
- 12 petites perles rouges, nacrées ou bleues
- Du papier transfert
- De la colle textile
- 1 attache de broche
- Le petit matériel de couture

POMPADOUR TRIANON OLYMPE

Astuce

Pour consolider l'ensemble, collez de la feutrine ou un tissu épais à l'arrière du tissu A.

LA COUPE

1. Recopiez les gabarits sur du papier, puis découpez-les.
2. Reportez le gabarit **1** sur le tissu A et le gabarit **2** sur le tissu B, puis découpez-les.

L'ASSEMBLAGE

1. Photocopiez le motif camée sur du papier transfert, découpez-le et transférez-le sur le tissu B à l'aide du fer à repasser.
2. Collez le tissu B sur le tissu A.
3. Cousez les 12 perles autour du médaillon comme indiqué.
4. Nouez le galon ou le ruban et cousez-le, en bas à droite.
5. Collez le croquet sous le tissu A, sur tout le pourtour du médaillon.
6. Collez ou cousez l'attache de broche.

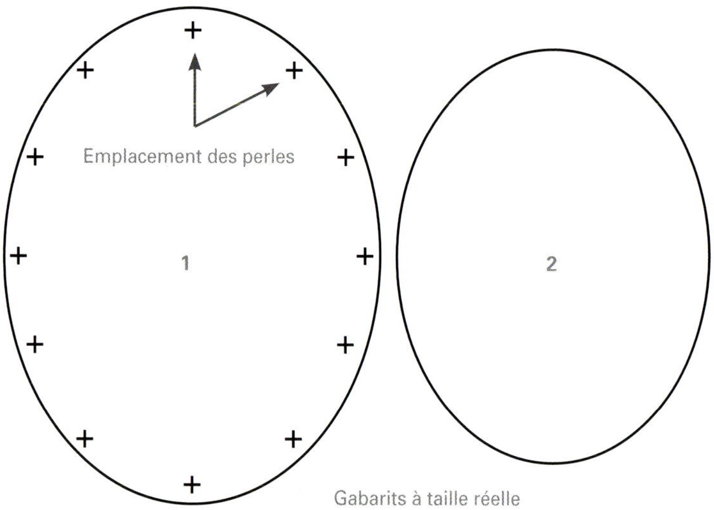

Gabarits à taille réelle

PIVOINE

La touche chic pour donner du panache à vos tenues.

FOURNITURES

- Du lainage rose, à chevrons ou du pilou imprimé (A) : 20 x 20 cm
- De la soie à pois, du coton à pois ou du pilou imprimé (B)
- De la soie à motifs, du tulle floqué ou du pilou imprimé (C)
- 1 attache de broche
- Le petit matériel de couture

Modèle 3

Modèle 1

Modèle 2

LA COUPE

1. Reproduisez les 6 gabarits sur du papier (voir p. 58), puis découpez-les.
2. Reportez les gabarits **1** et **3** sur le tissu A, puis le gabarit **2** sur le tissu B. Coupez.

- **Pour le modèle 1** : reportez le gabarit **4** sur le tissu C, puis le gabarit **5** sur le tissu A et enfin le gabarit **6** sur le tissu B. Coupez.
- **Pour le modèle 2 :** reportez le gabarit **4** sur le tissu C, puis le gabarit **5** sur le tissu B et enfin le gabarit **6** sur le tissu C. Coupez.
- **Pour le modèle 3 :** reportez le gabarit **4** sur le tissu B, puis le gabarit 5 sur le tissu C et enfin le gabarit **6** sur le tissu A. Coupez.

L'ASSEMBLAGE

1. Prenez les tissus correspondant aux gabarits **5** et **6** (en plaçant le plus grand en dessous), puis, avec une aiguillée, piquez au centre plusieurs fois pour resserrer le cœur en fronçant.
2. Continuez de la même manière en ajoutant les autres tissus du plus grand au plus petit, toujours en fronçant légèrement pour créer du volume dans les pétales.
3. Terminez par un point d'arrêt à l'arrière et cousez l'attache de broche.

Conseil

Selon l'épaisseur et la matière des tissus, l'assemblage des pétales se fait différemment. N'hésitez pas à modifier l'emplacement des tissus avant d'assembler pour obtenir des effets différents

1
2
4
6

3
5

LES FOULARDS

CHÈCHE AUX POMPONS

Unis ou fleuris, les chèches se pomponnent en couleur !

FOURNITURES

* Du coton à motifs, du Liberty vert ou de la mousseline noire : 160 x 60 cm
* Du croquet rose, du ruban vert ou vichy : 14 cm
* De la cordelière fine : 80 cm
* 1 carton de 10 x 10 cm
* 1 épingle de nourrice
* Le petit matériel de couture

LA COUPE

1. Dans le tissu choisi, découpez 9 bandes : 1 de 160 x 50 cm, 6 de 160 x 1 cm et 2 de 12 x 1 cm.

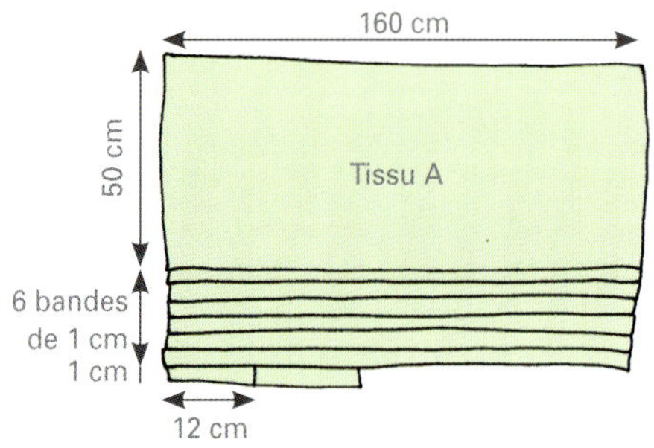

2. Coupez le ruban (ou le croquet) et la cordelière en 2 parties égales.

L'ASSEMBLAGE

La base

1. Pliez en deux la plus grande bande sur la largeur, endroit contre endroit : vous obtenez 25 cm. Alignez les grandes longueurs de cette bande bord à bord, endroit contre endroit.
Épinglez et piquez en 2 fois, en laissant une ouverture centrale de 15 cm environ.

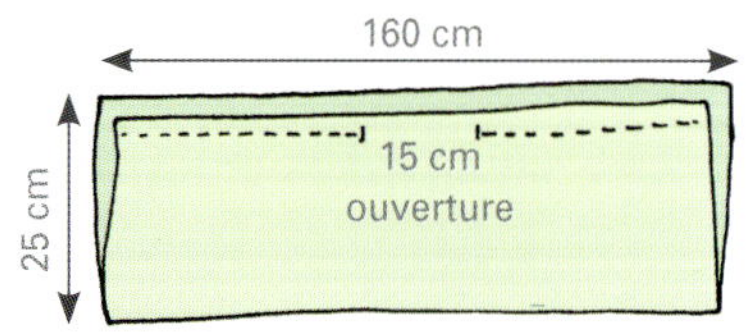

2. Sur 1 extrémité du tube obtenu, faites un rentré de 1,5 cm, envers sur envers. Épinglez et piquez en laissant une ouverture de 1 cm au niveau de la couture.
3. Passez l'épingle de nourrice à travers la cordelière et introduisez-la dans l'ouverture de 1 cm. Faites glisser le cordon dans le couloir sans en perdre l'autre bout, et, une fois l'épingle ressortie, tirez sur les 2 bouts pour froncer le tube le plus possible. Attachez solidement avec un double nœud. Coupez le surplus de fil. Recommencez les étapes 2 et 3 sur l'autre extrémité du tube.
4. Retournez l'ouvrage sur l'endroit.

Les pompons

1. Entourez 3 bandes de 160 x 1 cm autour du carton, en les superposant (comme pour un pompon réalisé avec de la laine). À la jonction de chaque bande, coupez le surplus au ras du bord inférieur.
2. Sur le bord supérieur du carton, pour former le sommet du pompon, passez la petite bande entre le tissu et le carton et faites un double nœud très serré. Ôtez le carton et coupez les bandes à leur base.
3. À 1,5 cm du sommet, faites des points pour bloquer les bandes de tissu ensemble. Cachez les points en serrant fortement le petit ruban tout autour et en faisant un rentré au bout, sur la face visible, pour que cela ne s'effiloche pas. Cousez tout autour à points invisibles.
4. Faites le 2d pompon de la même façon.

LES FINITIONS

1. Passez les 2 brins (avec lesquels vous avez noué le sommet du pompon) par l'ouverture de chaque base froncée de l'écharpe.
2. Passez la main par l'ouverture centrale (pour pouvoir coudre le pompon dans le tube de façon invisible) et épinglez les 2 liens de chaque côté de l'ouverture, à l'intérieur de l'écharpe. Cousez-les à points glissés.
3. Fermez l'ouverture centrale à points glissés (voir p. 8).

Astuce

Jouez sur la forme ou les couleurs des pompons : pompons ronds, pompons de passementerie ou pompons en laine… Tout est possible !

SNOOD À DEUX TOURS

Imprimés fleuris, dentelles délicates ou motifs raffinés : ce snood aura toujours tout bon !

FOURNITURES

* Du coton fleuri ou à motifs (A) : 180 x 50 cm
* Du coton à pois, du crépon rose ou du coton argenté (B) : 180 x 50 cm
* De la dentelle anis, blanche ou noire : 85 cm
* Le petit matériel de couture

LA COUPE

1. Dans le tissu A, découpez 1 bande de 170 x 40 cm. Faites la même chose avec le tissu B.

2. Découpez 1 morceau de 82 cm dans la dentelle.

L'ASSEMBLAGE

1. Placez la bande A sur la bande B, endroit contre endroit. Épinglez les grandes longueurs. Piquez à 1 cm du bord. Vous obtenez un tube.

2. Retournez le tube sur l'endroit. Sur chaque extrémité, faites un rentré de 1,5 cm vers l'intérieur du tube. Épinglez et piquez à 1 cm du bord.

3. Cousez ensemble les 2 bords de la dentelle, à 1,5 cm du bord. Vous obtenez 1 anneau.

4. Enfilez cet anneau de dentelle à l'endroit, sur l'un des bords du tube de tissu (à l'endroit lui aussi), en faisant chevaucher 1 cm de dentelle sur le dernier centimètre du tube. Épinglez et piquez **(1)**.

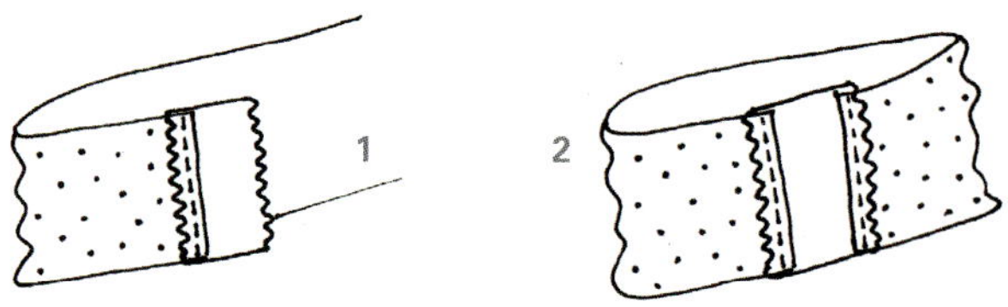

Positionnement de la dentelle

5. Épinglez l'autre côté de la dentelle pour fermer le snood, en faisant chevaucher 1 cm de dentelle par-dessus 1 cm de tissu. Laissez une ouverture de 20 cm. Bâtissez **(2)**. Attention, piquer par l'intérieur du tube est une opération un peu délicate : piquez en alignant le pied-de-biche sur le bord du tissu et en suivant le fil de bâti. Quand vous ne pourrez plus piquer, il restera une ouverture de 15 cm environ.

6. Ôtez le fil de bâti.

LES FINITIONS

Fermez le cercle en faisant une couture invisible à la main sur l'endroit, et en prenant soin de ne pas attraper le tissu de dessous (voir p. 8).

Astuce

Avant de piquer les petits côtés de la dentelle pour former le cercle, épinglez celle-ci sur le tour du tissu pour connaître la mesure exacte de la couture. Vous pourrez alors piquer la dentelle avec une dimension parfaitement ajustée.

TOUR DE COU DOUILLET

Pile : ils arborent de chatoyants motifs ; face : ils se parent de velours, de coton matelassé ou de fausse fourrure !

FOURNITURES

* Du crépon, du velours ou du coton à motifs (A) : 80 x 25 cm
* Du coton matelassé, du velours ou de la fourrure synthétique (B) : 80 x 25 cm
* Du ruban de satin de 2,5 cm de large : 140 cm
* 1 assiette (pour servir de gabarit)
* Le petit matériel de couture

LA COUPE

1. Placez l'assiette sur l'une des extrémités de la bande A et faites toucher l'arrondi sur les 2 bords. Tracez la forme à la craie et découpez l'arrondi.
2. Faites la même opération avec la bande B pour découper l'arrondi.
3. Découpez 2 morceaux de ruban : l'un de 80 cm, l'autre de 60 cm.

L'ASSEMBLAGE

1. Sur l'endroit du tissu A, côté arrondi, centrez le ruban de 60 cm à 12,5 cm des bords, en laissant dépasser 1,5 cm à l'extérieur du tissu. Piquez le ruban au ras du bord. Sur l'endroit du côté coupé droit, centrez le ruban de 80 cm à 12,5 cm, en en laissant dépasser 1,5 cm à l'extérieur du tissu. Piquez le ruban au ras du bord.
2. Fixez ces 2 rubans au centre du tissu avec du ruban adhésif, pour éviter de les prendre par la suite dans les coutures.
3. Placez B sur A, endroit contre endroit. Épinglez et bâtissez tout le tour en laissant une ouverture de 12 cm environ sur l'un des grands côtés. Piquez.
4. Retournez l'ensemble sur l'endroit. Sur le petit bord droit, rentrez le ruban vers l'intérieur du tour de cou (voir le dessin) et placez du ruban adhésif pour l'immobiliser. Sur le bord arrondi, sortez le ruban vers l'extérieur du tour de cou. Épinglez tout le tour et faites une piqûre, en alignant le pied-de-biche sur le bord.

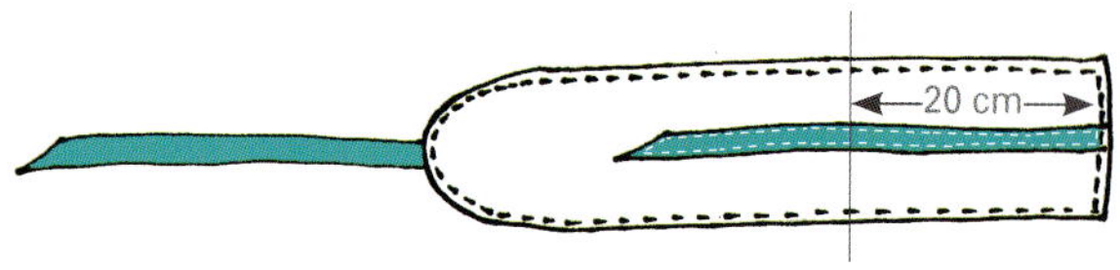

LES FINITIONS

1. Placez l'ouvrage autour de votre cou pour prendre vos mesures.
2. Sur le ruban rentré précédemment vers l'intérieur, mesurez 20 cm (ou la dimension qui vous convient) pour ajuster. Épinglez le ruban sur le tissu A en le centrant bien. Piquez pour ajuster les 3 côtés du ruban.

Astuce

Coupez les extrémités du ruban en pointe et, pour éviter qu'il ne s'effiloche, placez la flamme d'un briquet tout près du ruban, sans le toucher.

ÉCHARPE COLLIER

Bel esprit hawaïen pour ces écharpes de jersey qui s'enrouleront gracieusement autour de votre cou.

FOURNITURES

* Du jersey à grosses fleurs, à étoiles ou à pois : 100 x 60 cm
* 1 bouton blanc, doré ou en nacre
* 1 compas
* Du bristol
* Le petit matériel de couture

LA COUPE

1. Dans le tissu, coupez :
- 3 bandes de 100 x 4 cm ;
- 3 bandes de 95 x 4 cm ;
- 3 bandes de 90 x 4 cm ;
- 3 bandes de 85 x 4 cm ;
- 1 rectangle de 14 x 12 cm.

2. Sur le bristol, tracez 1 cercle de 9 cm de diamètre et 1 cercle de 11 cm. Découpez ces gabarits et servez-vous-en pour découper dans le tissu 5 cercles de 9 cm et 1 cercle de 11 cm.

L'ASSEMBLAGE

1. Superposez les extrémités des 3 bandes de 100 cm et épinglez-les ensemble.

2. Superposez les 2 extrémités de ces 3 bandes épinglées ensemble, l'une sur l'autre, tête-bêche et en les faisant chevaucher de 3 cm, de façon à former un tube. Piquez-les ensemble.

3. Recommencez pour chaque groupe de bandes de même longueur. Vous obtenez 4 groupes de 3 anneaux de différentes longueurs.

4. Pliez le grand côté du rectangle de 14 x 12 cm en deux, endroit contre endroit. Piquez sur 2 côtés : une largeur et une longueur. Retournez par le petit côté ouvert.

5. Superposez les 4 groupes d'anneaux en décalant un peu les coutures. Pour cacher les coutures de ces groupes d'anneaux, épinglez le bout du rectangle obtenu précédemment, côté ouvert sous les anneaux. Entourez les anneaux en serrant bien. Cousez sur lui-même le manchon réalisé à points glissés.

Astuce

Vous pouvez réaliser cette écharpe en découpant des bandes dans vos vieux tee-shirts !

LA FLEUR

1. Pliez en quatre chaque cercle de 9 cm de diamètre **(1)**. Passez un fil de fronce sur l'arrondi du 1er pétale, froncez, faites un petit point arrière à la fin pour fixer le tout, puis réalisez le 2e pétale **(2)**. Une fois les 5 pétales réalisés, fermez le cercle.

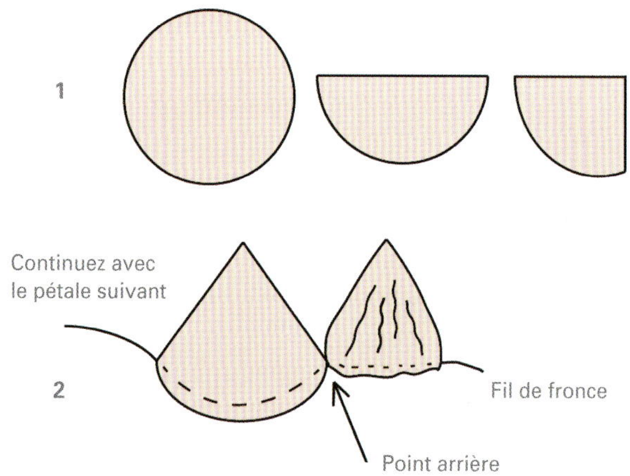

2. Pour former le cœur de la fleur, faites un yoyo avec le cercle de tissu restant. Passez un fil de fronce tout autour du cercle et près du bord, tirez sur le fil, puis arrêtez-le. Placez le yoyo sur les pétales, côté ouvert sur le dessus, épinglez. Retournez la fleur et fixez les pétales sur le cœur à points glissés.

3. Cousez le bouton au centre du yoyo.

LES FINITIONS

Cousez la fleur sur le manchon à points glissés (en cousant par l'arrière des pétales).

BANDANA OURLÉ

Jouez les fringantes cow-girls avec ces bandanas colorés.

FOURNITURES

- Du coton à motifs fleurs, de la batiste grise ou du coton à motifs étoiles : 170 x 80 cm
- Du ruban à pompons, à franges ou de dentelle : 200 cm
- Le petit matériel de couture

LA COUPE

1. Dans le tissu, découpez 2 bandes de 170 x 40 cm.

2. Pliez une des bandes en deux, dans le sens de la longueur : vous obtenez 1 rectangle de 85 x 40 cm. En partant du bas de la pliure, tracez un trait à la craie jusqu'à la pointe opposée pour former le triangle.

3. Découpez ensemble les parties du tissu qui se trouvent face à face, de façon à obtenir 1 triangle parfaitement symétrique.

4. Faites le même travail sur l'autre bande de tissu.

L'ASSEMBLAGE

1. Superposez les 2 triangles l'un sur l'autre, endroit contre endroit. Épinglez le côté formant la pointe en alignant le bord du tissu et piquez. Arrêtez-vous à 1,5 cm de chaque extrémité.

2. Coupez les bouts de tissu non cousus qui dépassent des 2 pointes. Retournez sur l'endroit, mettez bien la couture en place et repassez.

3. Toujours sur l'endroit, placez le ruban, en le laissant dépasser de 1 cm de chaque côté et en le faisant chevaucher de 0,5 cm sur le tissu. Bâtissez et piquez au ras du bord. Ôtez le fil de bâti.

4. Sur chaque extrémité, rabattez la pointe de 1 cm à l'intérieur, replacez les 2 parties face à face et faites un petit rentré sur les côtés libres.

5. Si le ruban comporte des pompons ou des franges, coupez ce qui se trouve à l'intérieur en ne gardant que le corps du ruban, de façon à supprimer du volume.

6. La réalisation de la pointe est un peu délicate : pour une finition soignée, cousez chaque pointe à la main, sur 3 ou 4 cm.

LES FINITIONS

Dans le prolongement des pointes, faites un rentré de 1 cm vers l'intérieur sur les longueurs restantes. Épinglez les 2 parties ensemble et piquez au ras du bord.

Astuce

Décalez le placement du fil de bâti par rapport à votre ligne de piqûre pour pouvoir le retirer plus facilement.

FOULARD À VOLANTS

Un patchwork de motifs, des froufous et une belle longueur pour une écharpe mi-saison.

FOURNITURES

- Du coton à motifs fleuris, à motifs japonais ou géométriques (A) : 180 x 60 cm
- De la batiste grise, du coton noir, ou du coton à motifs (B) : 60 x 44 cm
- Du ruban fluo, à pois ou satin : 60 cm
- Le petit matériel de couture

Astuce

Pour ne pas voir les nœuds qui terminent les piqûres, conservez une bonne longueur de fil. Enfilez ces longueurs restantes sur une aiguille, passez l'aiguille entre les 2 tissus, le long d'une couture, ressortez 1 cm plus loin et coupez à ras.

LA COUPE

1. Dans le tissu A, découpez 2 bandes de 180 x 30 cm. Dans le tissu B, découpez 4 bandes de 60 x 11 cm.
2. Coupez le ruban en 2 parties égales.

L'ASSEMBLAGE

1. Pliez les 4 bandes B en deux sur la largeur, endroit contre endroit (vous obtenez 60 x 5,5 cm). Épinglez les bords et piquez sur toute la longueur. Retournez les bandes sur l'endroit. Repassez.
2. Passez un fil de fronce au centre et sur la longueur de chaque bande. Tirez sur le fil et répartissez les fronces jusqu'à obtenir une longueur de 30 cm. Arrêtez le fil par un nœud solide.
3. Sur l'une des bandes A, placez le ruban à 15 cm d'un des bords. Piquez de chaque côté.
4. Placez un volant à 1,5 cm de chaque côté du ruban, épinglez les 4 petits côtés sur les bords du tissu A. Piquez les 4 bandes « volantées » au ras du bord pour les fixer.

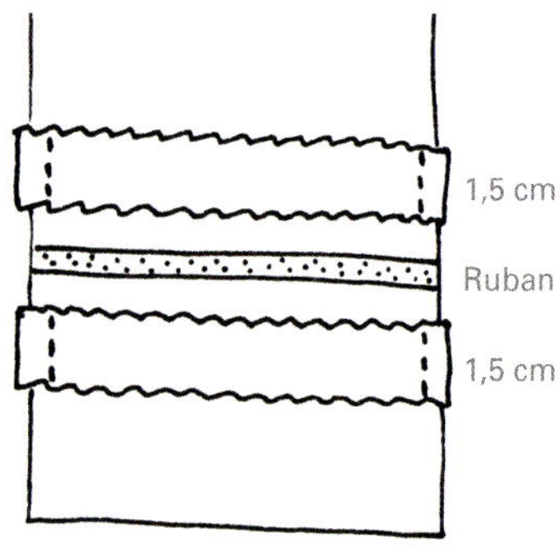

5. Répartissez les fronces régulièrement sur toute la longueur du volant. Épinglez de part et d'autre du fil de fronce et faites une piqûre centrale. Retirez le fil de fronce. Recommencez la même opération sur l'autre partie de l'écharpe.
6. Recouvrez la partie de tissu A obtenue par la bande A restante, endroit contre endroit. Épinglez et piquez chaque longueur.
7. Retournez sur l'endroit.

LES FINITIONS

Sur chacun des bords, faites un petit rentré de 1 cm vers l'intérieur du tube. Alignez bien les 2 tissus, épinglez et piquez au ras du bord.

FOULARD À NŒUD

Révélez le côté Audrey Hepburn qui sommeille en vous !

FOURNITURES

- Du lainage à pois, rose ou du velours (A) : 220 x 40 cm
- Du coton noir, rose ou parme (doublure, B) : 220 x 40 cm
- Du ruban de satin noir, de dentelle écrue ou du galon parme : 15 cm
- Le petit matériel de couture

LA COUPE

1. Dans le tissu A, découpez 1 bande de 220 x 20 cm.

2. Pour former les pointes de l'écharpe, pliez le tissu en deux, endroit contre endroit, mesurez 17 cm et tracez à la craie 1 angle avec le coin de l'autre côté du bord supérieur. Coupez l'angle (voir le dessin).

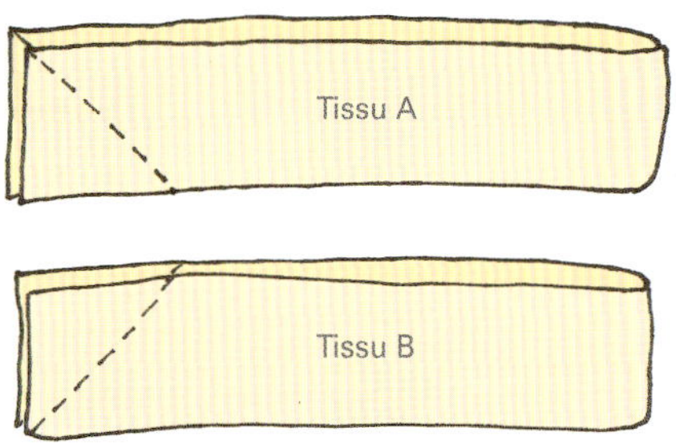

Coupez les 2 épaisseurs de tissu ensemble

3. Faites la même opération avec le tissu B, en veillant à bien respecter l'opposition pour avoir une asymétrie entre les 2 pans de l'écharpe (voir le dessin ci-dessus).

L'ASSEMBLAGE

1. Placez A sur B, endroit contre endroit. Épinglez tout autour en laissant une ouverture de 15 cm, à environ 30 cm d'un bord du grand côté. Piquez.

2. Coupez les surplus de tissu dans les angles (voir p. 10). Retournez sur l'endroit par l'ouverture et repassez.

3. Surpiquez tout le tour de l'écharpe.

4. Pliez l'écharpe en deux en alignant les pointes, la face visible à l'extérieur. Du côté du pli, mesurez 30 cm et faites une piqûre d'un bord à l'autre du tissu A.

5. Posez l'écharpe à plat et écartez le tube formé de part et d'autre de la couture centrale.

6. Fixez les 2 parties ensemble par un petit point invisible sur la bordure, au niveau de la couture centrale, en haut et en bas.

7. Pour former le nœud, pliez le tout le long de la couture centrale en 4 accordéons, fixez grossièrement en transperçant les épaisseurs avec une aiguille et un fil solide.

LES FINITIONS

1. Entourez la couture centrale avec le ruban ou le galon et commencez par le coudre à la main, sur l'envers de l'écharpe. Serrez bien. Faites chevaucher les 2 bouts du ruban ou de galon en réalisant un petit rentré sur le ruban ou le galon de dessus.

2. Cousez solidement à points glissés.

Astuce

Si vous ne disposez pas d'une grande pièce de tissu pour réaliser cette écharpe, vous pouvez couper 2 morceaux de 110 cm et faire une couture centrale. Cette couture sera cachée par le ruban.

Radio

COL CROISÉ

Astucieux, douillet et réversible, ce cache-col a vraiment tout bon.

FOURNITURES

- Du coton à motifs nœuds, moustaches ou losanges (A) : 102 x 20 cm
- De la polaire noire, du tissu peluche ou de la fausse fourrure rose (B) : 102 x 20 cm
- Le petit matériel de couture

LA COUPE

1. Dans le tissu A, découpez 1 bande de 102 x 16 cm.

2. Découpez la même bande dans le tissu B.

3. Tracez au crayon 1 repère sur chaque côté, à 5 cm du bord et 1 autre au centre de la largeur du tissu (soit 8 cm). Joignez les 3 repères de façon à former 1 triangle (voir le dessin). Faites cette opération sur les 2 extrémités de chaque bande. Coupez les 4 pointes obtenues.

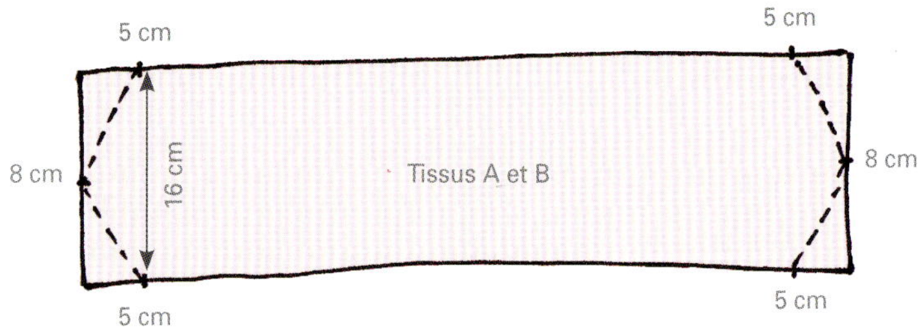

L'ASSEMBLAGE

1. Placez le tissu A sur le tissu B, endroit contre endroit. Épinglez tout autour en laissant une ouverture de 15 cm au centre de l'un des grands côtés. Bâtissez les tissus ensemble. Piquez. Enlevez le fil de bâti et coupez les surplus de tissu sur les angles (voir p. 10).

2. Retournez l'écharpe sur l'endroit. Repassez pour écraser les coutures.Fermez l'ouverture centrale à la main à points glissés.

3. Repliez l'une des pointes vers l'autre pointe en faisant un rabat de 18 cm de longueur. Sur le pli, depuis le centre de l'écharpe, soit à 7,5 cm, mesurez et tracez 1 trait de 5 cm sans appuyer, vers la pointe.

4. Découpez sur le trait en prenant ensemble toutes les épaisseurs de tissu. Vous obtenez une fente de 10 cm dans le sens de la longueur de l'écharpe.

5. Bâtissez tout autour de la fente en alignant bien le tissu A et le tissu B.

LES FINITIONS

Piquez le tour de l'ouverture au point zigzag assez serré.

Astuce

Si votre tissu a un sens, ajoutez 1,5 cm à la bande de départ avant de couper les pointes. Coupez la bande en son centre. Placez tête-bêche les 2 parties de tissu et faites une couture centrale.

ÉCHARPE SAUVAGE

Spécial excentriques : nul doute que vous ne passerez pas inaperçues !

FOURNITURES

* Du tartan, de la fausse fourrure tigre ou du coton rose panthère (A) : 140 x 30 cm
* Du coton marron, du tissu peluche gris ou rose (B) : 140 x 30 cm
* De la feutrine blanche : 5 x 5 cm
* De la feutrine noire : 7 x 5 cm
* Du coton à broder noir
* 1 assiette et un verre à pied (servant de gabarit)
* Le petit matériel de couture

LA COUPE

1. Photocopiez le demi-gabarit de la tête (voir p. 146), reportez-le en miroir et découpez le contour. Photocopiez le gabarit de l'oreille.
2. Dans les tissus A et B, découpez 1 bande de 140 x 20 cm et 5 bandes de 26 x 6 cm.
3. Dans chaque tissu, découpez 2 oreilles. Dans la feutrine noire, découpez le nez et les pupilles en vous servant des gabarits. Dans les feutrines blanche et noire, découpez 2 yeux.
4. Sur 1 extrémité des 2 grandes bandes, placez la forme de la tête en alignant et en centrant le menton de l'animal sur le bord du tissu. Tracez à la craie le tour de la tête, et poursuivez depuis le cou sur une largeur de 16 cm et sur toute la longueur de la bande. Arrondissez le côté queue en utilisant l'assiette comme gabarit. Découpez.
5. Dans les tissus A et B, arrondissez l'un des côtés des 5 bandes de 26 x 6 cm en vous aidant du pied d'un verre. Découpez.

L'ASSEMBLAGE

1. Pour former les oreilles, placez A sur B, endroit contre endroit, et piquez sur les 2 côtés formant la pointe. Retournez. Faites un rentré sur les bords de la base et cousez à points glissés.
2. Pour former les pattes et la queue, placez les bandes A sur le tissu B, endroit contre endroit, et piquez sur le tour en laissant le petit côté droit de 5 cm ouvert. Retournez sur l'endroit (aidez-vous de la pointe des ciseaux ou d'une aiguille à tricoter).
3. Sur les 4 bandes obtenues, faites un rentré sur les bords de la base et cousez à points glissés. Ne faites pas de rentré sur la bande restante, elle formera la queue.
4. Sur la tête A, collez le nez et les yeux et faites une piqûre au ras du bord. Placez les oreilles et piquez la base au ras du bord. Avec le coton noir, brodez les babines au point de chaînette.
5. Sur le haut de la tête B, sur l'endroit, placez 2 pattes, tissu B face à vous, en formant un V inversé, de façon que chaque patte « sorte » de part et d'autre des babines. Piquez au ras du bord supérieur. Faites la même chose côté queue en plaçant la pointe du V inversé à 12 cm du bord.
6. Rentrez les 4 pattes vers le centre de l'écharpe et maintenez-les par des épingles (voir le dessin).

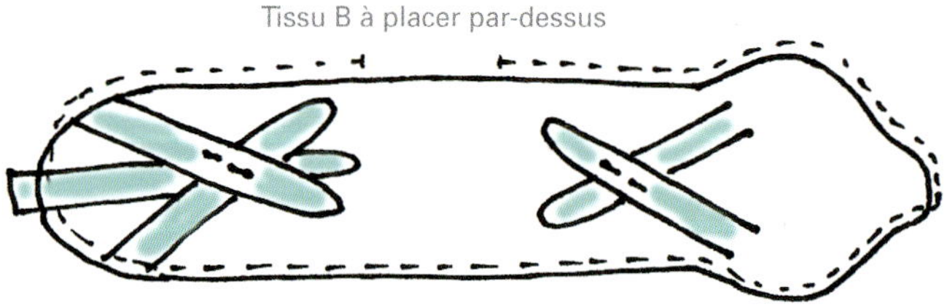

7. Placez la queue au centre de l'arrondi, tissu B face au tissu B, en la laissant dépasser de 1 cm, côté droit non fermé sur l'extérieur.
8. Placez A sur B, endroit contre endroit. Épinglez et bâtissez. Piquez en laissant une ouverture de 10 cm au centre de l'écharpe. Ôtez le bâti et retournez sur l'endroit. Fermez l'ouverture à points glissés.

FOULARD À MOTIFS

Ces écharpes passepoilées aux appliqués graphiques se portent en toutes saisons.

FOURNITURES

* De la batiste olive, blanche à motifs ou du Liberty (A) : 190 x 70 cm
* Du Liberty, de la batiste parme ou de la popeline rouge (appliqué, B) : 25 x 20 cm
* Du passepoil Liberty, aubergine ou argenté : 400 cm
* Du thermocollant double face : 25 x 20 cm
* Du bristol
* Le petit matériel de couture

LA COUPE

1. Dans le tissu A, découpez 2 bandes de 190 x 35 cm.
Dans le tissu B, découpez 2 rectangles de 12,5 x 10 cm.

2. Dans le thermocollant, découpez 2 rectangles de 12,5 x 10 cm.

3. Découpez 2 morceaux de passepoil de 190 cm chacun.

Astuce

Pour une jolie finition et éviter que l'appliqué ne se décolle, faites une piqûre à la machine sur le pourtour du motif.

L'ASSEMBLAGE

1. À l'aide du fer à repasser, fixez la partie collante du thermocollant sur chaque rectangle B.

2. Décalquez le gabarit de l'appliqué choisi (voir p.80) sur du bristol et découpez-le. Reportez le contour sur le tissu B (face avec le thermocollant) et découpez le motif.

3. Ôtez le film protecteur thermocollant. Placez le bas de l'appliqué sur l'une des bandes A, à 13 cm du bord et au centre. Fixez au fer. Faites le même travail sur l'autre extrémité de la bande.

4. Sur les 2 extrémités des passepoils, enlevez 1 cm du cordon intérieur du tissu (sans couper le tissu).

5. Épinglez le passepoil sur le côté du tissu A avec l'appliqué, en plaçant le cordon à l'intérieur. Rabattez à chaque extrémité le centimètre du passepoil sans cordon sur l'extérieur et en l'alignant sur le bord. Piquez au ras du cordon. Recommencez la même opération sur l'autre extrémité de la bande (voir p. 10).

6. Recouvrez par la bande de tissu A restante, endroit contre endroit, épinglez les bords et piquez sur la couture du passepoil réalisée précédemment. Retournez l'écharpe sur l'endroit.

LES FINITIONS

Faites un rentré de 1 cm sur chacun des bords haut et bas de l'écharpe, épinglez et piquez au ras du bord.

LES CEINTURES

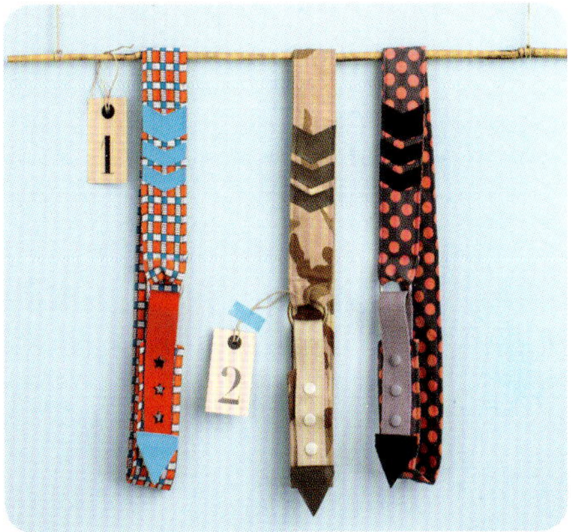

AVENTURIÈRE

Révélez votre côté créatif en jouant sur les motifs : pois, wax ou camouflage.

FOURNITURES

- Du coton wax, camouflage ou à pois : 11 cm x laize (A)
- Du similicuir turquoise, kaki ou noir : 5 x 20 cm (B)
- 1 gros anneau en métal argent de 4 cm de diamètre
- 3 pressions grises type Kam
- De la colle textile
- Du bristol
- Des pinces à linge
- Le petit matériel de couture

Conseil

Pour éviter de mettre trop de colle et qu'elle déborde sur le tissu, étalez-la avec un coton-tige.

LA COUPE

1. Découpez 1 bande de 11 x 90 cm (T) dans le tissu A.

2. Reproduisez les gabarits sur le bristol (voir p. 147) et reportez-les sur le tissu B : reportez 2 fois le petit chevron, 1 fois le grand chevron et 2 fois la flèche. Découpez-les.

L'ASSEMBLAGE

1. Alignez la sangle sur l'endroit d'un des petits côtés de la bande A, à 1,5 cm du bord supérieur, en la laissant dépasser d'environ 0,5 cm. Piquez-la au ras du bord, à l'endroit où elle dépasse.

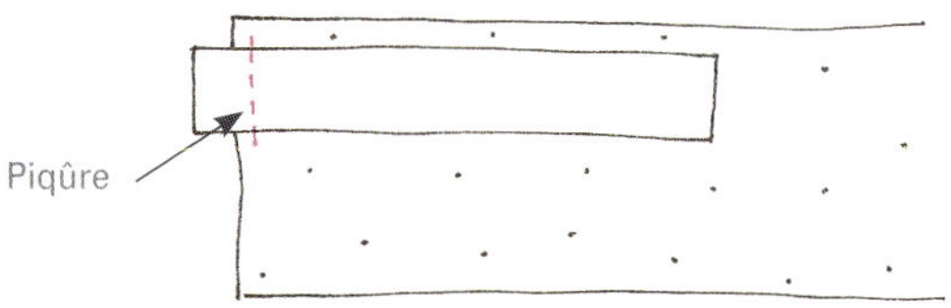

2. Pliez A en deux dans le sens de la largeur, endroit contre endroit. Piquez les 3 côtés libres en laissant une ouverture centrale de 15 cm environ.

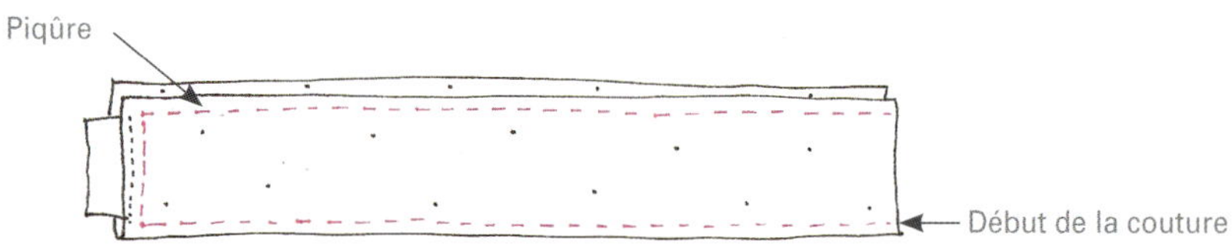

3. Retournez la ceinture sur l'endroit (voir p. 12). Faites un rentré de 5 mm sur l'ouverture. Repassez, puis fermez l'ouverture à points glissés (voir p. 8).

4. Placez le 1er petit chevron à 13 cm du côté opposé à la sangle, pointe face aux 13 cm. Placez le 2^{d} petit chevron à 0,5 cm du 1er, puis le grand à 0,5 cm du 2^{d} chevron. Collez-les et laissez sécher.

5. Collez les 2 flèches sur l'extrémité de la sangle, en plaçant 1 flèche de chaque côté. Placez une pince à linge sur chaque angle de la flèche le temps que la colle prenne. Laissez sécher sous un gros livre.

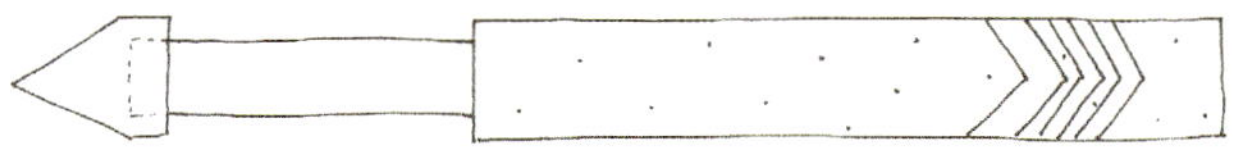

6. Installez le pied-de-biche en téflon ou placez du ruban adhésif le long des bords des chevrons et de la flèche. Piquez au ras du bord tout autour de la partie en tissu, puis sur tout le tour de la flèche, côté sangle.

7. Enfilez la partie de la ceinture en tissu sur l'anneau, en faisant un rentré de 3 cm environ. Bâtissez et piquez le long de l'anneau en faisant un aller-retour.

LES FINITIONS

1. Installez les pressions sur la sangle et le tissu à l'aide de la pince et en suivant les instructions du fournisseur.

2. Posez la partie femelle des pressions à 1,5 cm, 4,5 cm et 7,5 cm du bord droit de la flèche, partie à clipser côté chevron.

3. Fixez la partie mâle des pressions sur le tissu côté chevrons, à 2 cm et 5 cm du bord, partie à clipser côté chevron **(1)**.

1

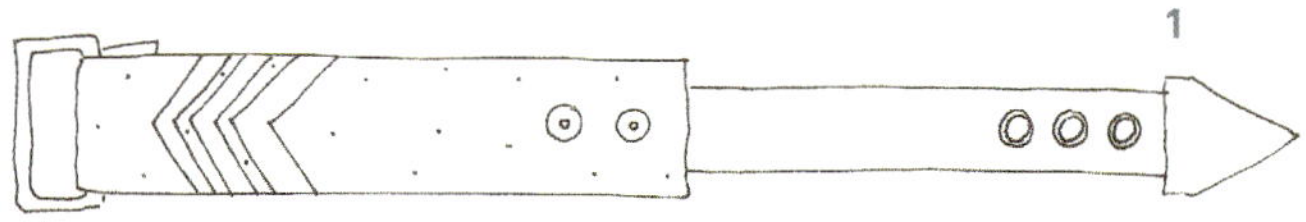

1
2
3

ACADÉMIQUE

Les nœuds papillon se portent désormais à la taille !

FOURNITURES

* Du similicuir, du lainage à pois ou du lin : 5 cm x laize (A)
* Du coton léopard, du coton à motifs ou du Liberty : 22 cm x laize (B)
* 2 petites agrafes argent
* 1 aiguille à tricoter (pour retourner)
* Le petit matériel de couture

LA COUPE

1. Coupez 1 bande de 5 x 97 cm (T + 7 cm) et 2 rectangles de 5 x 4,5 cm dans les tissus A et B.

2. Coupez 1 carré de 17 cm de côté dans le tissu B.

L'ASSEMBLAGE

1. Superposez les rectangles de 5 x 4,5 cm, endroit contre endroit. Piquez les 2 côtés les plus longs. Retournez sur l'endroit et repassez.

2. Posez la bande A, envers sur la table. Placez la patte obtenue précédemment à 2 cm d'un des bords, côtés ouverts sur la longueur de la bande, tissu A face à vous. Bâtissez les côtés ouverts de la patte sur la bande A.

3. Superposez la bande B, endroit contre endroit. Épinglez le tout sur 3 côtés en commençant par la longueur du côté opposé à la patte. Bâtissez et piquez. Coupez les 2 angles côté patte.

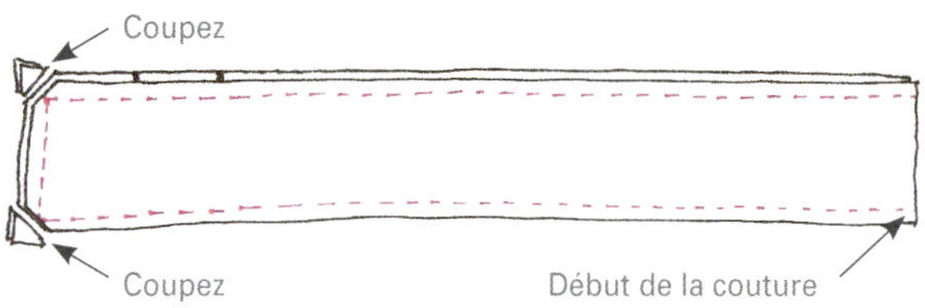

4. Retournez la ceinture sur l'endroit et faites bien ressortir les angles. Faites un rentré de 1 cm vers l'intérieur. Repassez avec soin et fermez l'ouverture à points glissés (voir p. 8).

5. Pliez la bande B restante en deux, endroit contre endroit. Piquez les côtés ouverts en laissant une ouverture centrale de 3 cm. Retournez le rectangle obtenu sur l'endroit par l'ouverture. Repassez, puis fermez l'ouverture à points glissés.

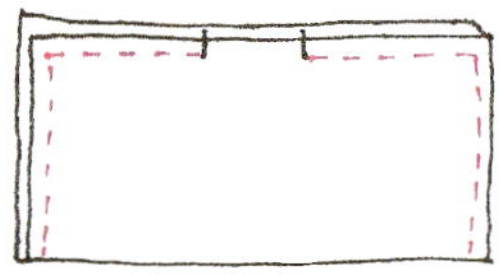

6. Placez le rectangle sous la patte pour former le nœud. Une fois en place, faites un petit point à la main à chaque angle de la patte centrale pour immobiliser le nœud.

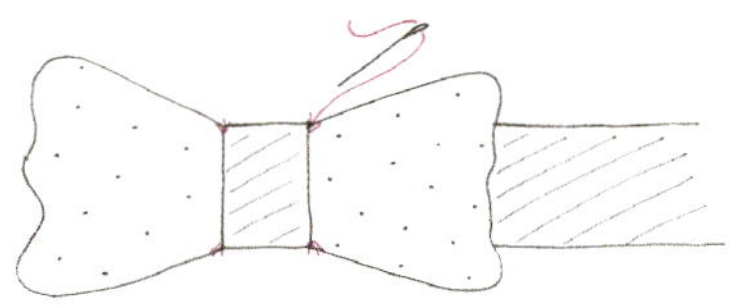

LES FINITIONS

1. Cousez 1 partie des 2 agrafes sur l'extrémité de la ceinture cachée sous le nœud, à 2 cm du bord, en les espaçant de 1,5 cm environ.

2. Placez la ceinture autour de votre taille afin de déterminer à quelle distance vous devez coudre l'autre partie des agrafes sur la partie opposée de la ceinture. Espacez-les de 1,5 cm environ.

Menta

ROMANTIQUE

Pour cintrer une robe ou marquer la taille, cette ceinture sera le centre de l'attention.

FOURNITURES

- Du similicuir ajouré, de la suédine ou du lin lamé or : 7 cm x laize (A)
- Du coton à pois, turquoise ou du similidaim : 7 cm x laize (doublure, B)
- Du cordon, du ruban ou du lacet
- Du ruban adhésif
- Le petit matériel de couture

Cette ceinture étant ajustée à la taille, la mensuration de départ est de 72 cm.

LA COUPE

1. Découpez 1 bande de 78 cm (T + 6 cm) x 7 cm dans les tissus A et B.

2. Coupez le cordon, le ruban ou le lacet en deux.

3. Sur chaque extrémité des bandes A et B, tracez 1 angle de 2 cm sur la largeur et de 5 cm sur la longueur. Découpez ces angles.

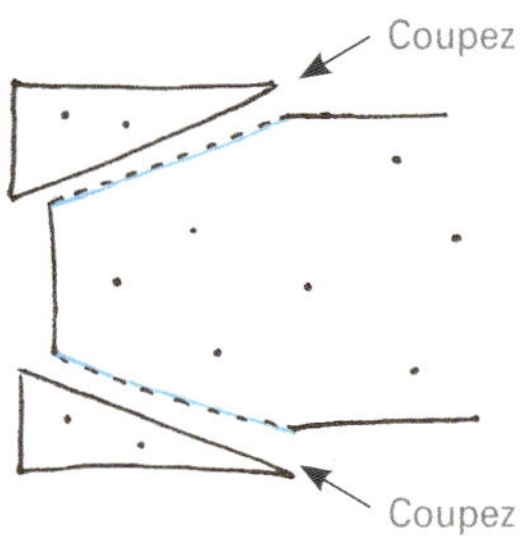

L'ASSEMBLAGE

1. Placez un des liens sur une des extrémités de la bande A, endroit contre endroit, en le centrant dans la pointe et en le laissant dépasser de 1 cm sur l'extérieur. Épinglez et piquez au ras du bord.

2. Répétez l'opération sur l'autre extrémité avec l'autre lien.

3. Alignez bien les liens au centre du tissu et fixez-les avec du ruban adhésif pour qu'ils ne soient pas pris dans les coutures.

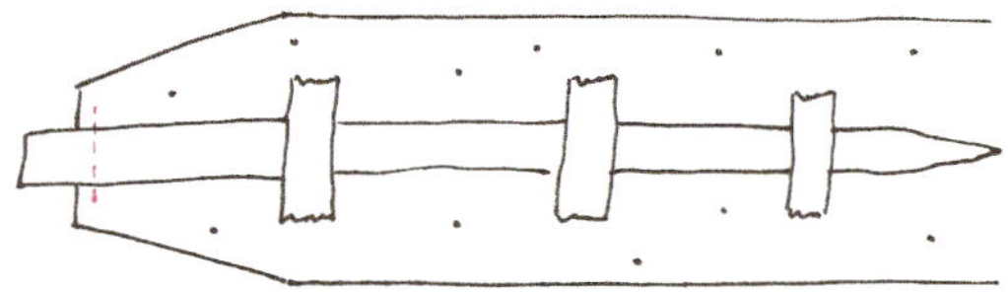

4. Placez la bande B sur la bande A, endroit contre endroit. Épinglez, bâtissez, puis piquez tout autour en laissant une ouverture centrale de 10 cm environ. Prévoyez une ouverture plus grande si les tissus sont rigides.

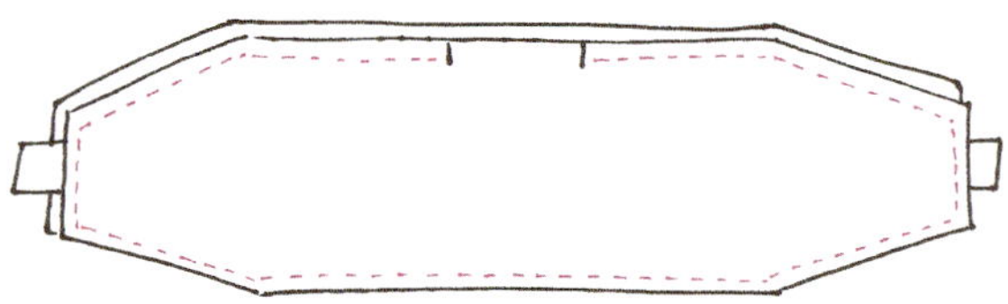

5. Retournez la ceinture sur l'endroit avec l'aiguille à tricoter et faites bien ressortir les angles (voir p. 12).

LES FINITIONS

Épinglez et bâtissez la partie ouverte, puis faites une surpiqûre au ras du bord, tout autour de la ceinture.

CLASSIQUE

De la dentelle, des paillettes ou un motif navajo, une ceinture à porter selon l'humeur du jour.

FOURNITURES

- Du jean marron, du coton à motifs ou de la suédine noire (A) : 5 cm x laize
- Du Liberty, du ton à pois ou du coton jaune fluo (B) : 5 cm x laize
- Du galon de dentelle, à paillettes ou à motifs : 110 cm
- 2 anneaux en demi-cercle de 3 cm de diamètre
- 1 aiguille à tricoter (pour retourner)
- Le petit matériel de couture

Conseil

Amusez-vous avec la largeur des galons pour pouvoir en mettre plusieurs ou en placer sur les 2 faces.

LA COUPE

Découpez 1 bande de 5 x 110 cm (T + 20 cm) dans les tissus A et B.

L'ASSEMBLAGE

1. Centrez le galon sur la bande A, envers contre endroit du tissu. Il reste alors environ 1,5 cm de chaque côté. Épinglez, bâtissez et piquez tout le tour au ras du galon.
2. Posez la bande obtenue sur la bande de tissu B, endroit contre endroit. Épinglez et piquez tout le tour en laissant une ouverture centrale de 20 cm environ. Coupez les 4 angles.

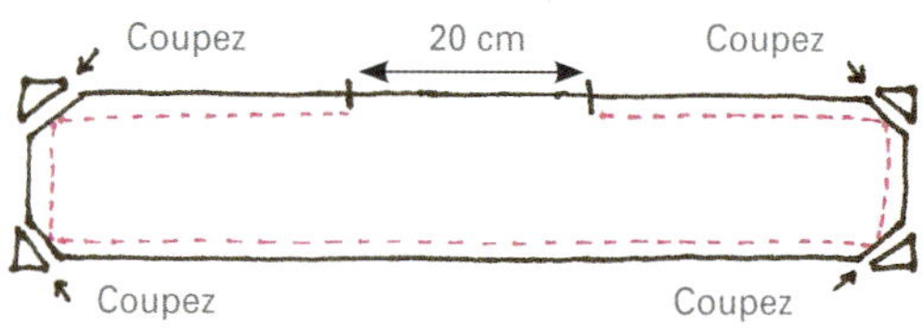

3. Retournez la ceinture sur l'endroit avec l'aiguille à tricoter et faites bien ressortir les angles (voir p. 10).
4. Repassez et faites une couture à ras du bord tout autour de la ceinture.

LES FINITIONS

1. Enfilez 1 extrémité de la ceinture à travers les 2 anneaux, du côté plat. Faites un rabat d'environ 3 cm, en ramenant le tissu B sur le tissu B. Bâtissez, puis piquez en faisant un aller-retour le long des anneaux.
2. Sur l'autre extrémité, faites un petit rabat d'environ 1 cm, tissu B sur tissu B, et fixez-le avec une couture à points glissés (voir p. 8).

Conseil

Si vous utilisez un galon épais ou un galon à paillettes, augmentez l'ouverture centrale à l'étape 2 de l'assemblage afin de pouvoir retourner plus facilement la ceinture sur l'endroit.

FÉÉRIQUE

Pour une robe des villes ou une robe des champs, ces ceintures vont avec tout !

FOURNITURES

- Du jean noir à pois, de la batiste à fleurs ou du jean à étoiles (A) : 8 cm x laize
- Du jean noir à gros pois, du lainage gris ou du coton bleu (B) : 8 cm x laize
- 1 gros bouton de 4 cm de diamètre
- 2 petits boutons (jaune, fleur ou étoile) de 2 cm de diamètre
- Du ruban de satin gris ou bleu : 14 cm
- De l'élastique (noir, gris ou blanc) : 20 cm
- 1 aiguille à tricoter
- Le petit matériel de couture

LA COUPE

1. Découpez 1 bande de 8 x 92 cm (T + 2 cm) dans le tissu A.
2. Découpez 1 bande de 8 x 102 cm (T + 12 cm) et 1 bande de 8 x 12 cm (taille unique) dans le tissu B.
3. Coupez le ruban en deux.

Astuce

Fixez les rubans et l'élastique par un point au ras du tissu pour faciliter les coutures suivantes.

L'ASSEMBLAGE

1. Posez la bande A, envers sur la table. Sur l'un des côtés de 8 cm, marquez 2 traits à 2,5 cm de l'extérieur de la bande.
2. Pliez les morceaux de ruban en deux et épinglez-les à cheval sur le trait en les laissant dépasser de 0,5 cm à l'extérieur, boucle côté intérieur du tissu **(1)**.
3. Placez la petite bande B sur la bande A, endroit contre endroit. Épinglez, bâtissez et piquez **(1)**.

1

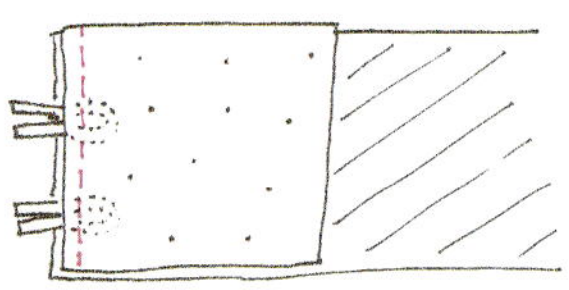

4. Ouvrez la bande obtenue, repassez la couture et piquez au ras du bord du tissu B.
5. Posez la grande bande B, envers sur la table. Marquez 1 trait au centre d'un des côtés de 8 cm.
6. Formez la ganse : pliez le morceau d'élastique en deux, placez-le sur le repère marqué auparavant, boucle côté tissu, en le laissant dépasser de 1 cm à l'extérieur. Épinglez.
7. Superposez les 2 bandes de tissu (la « bicolore » et la B), endroit contre endroit, en plaçant les rubans et l'élastique du même côté. Épinglez sur 3 côtés en commençant par le côté opposé aux rubans et en laissant le petit côté de 8 cm ouvert. Bâtissez et piquez.

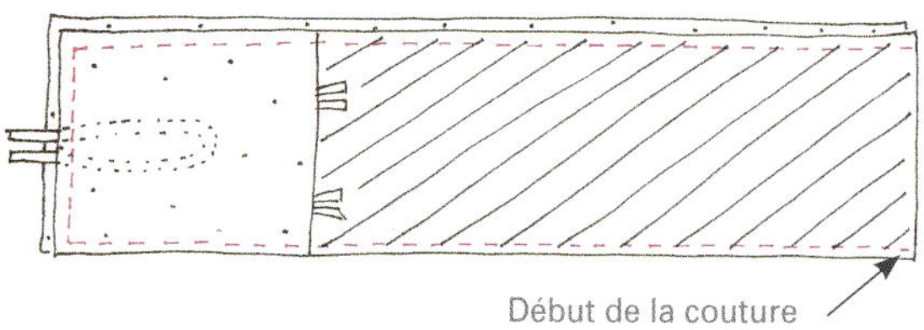

8. Retournez la ceinture sur l'endroit avec l'aiguille à tricoter et faites bien ressortir les angles (voir p. 12).
9. Faites un rentré de 1 cm au niveau de l'ouverture. Repassez les coutures bien à plat et fermez l'ouverture à points glissés (voir p. 8).

LES FINITIONS

1. Cousez les petits boutons à l'extrémité des boucles de ruban de satin.
2. Essayez la ceinture afin de déterminer l'emplacement du gros bouton sur le côté opposé, de façon que la ceinture soit bien retenue par l'élastique. Cousez-le.

POÉTIQUE

Des plumes, des couleurs fraîches, de jolis motifs : une touche gracieuse sur une robe d'été !

FOURNITURES

- De la suédine ou du coton à motifs (A) : 10 cm x laize
- Du coton à motifs (B) : 8 cm x laize
- Du similicuir (C) : 21 x 21 cm
- Du bristol
- De la colle textile
- Le petit matériel de couture

LA COUPE

1. Découpez 1 bande de 10 x 82 cm (T – 8 cm) dans le tissu A et 2 bandes de 4 x 60 cm dans le tissu B.
2. Reproduisez les 2 plumes sur le bristol (voir p. 147). Notez la face recto et la face verso sur le gabarit.
3. Reportez 2 fois la grosse plume sur le tissu C, 1 fois côté recto, 1 fois côté verso. Découpez. Répétez l'opération avec la petite plume, de façon à obtenir 2 petites plumes recto et 2 petites plumes verso.

L'ASSEMBLAGE

1. Réalisez 2 biais avec les bandes B (voir p. 10).
2. Sur l'endroit de la bande A, marquez 1 repère à 3 cm d'un bord, sur la largeur. Centrez un des biais sur ce repère, dans la longueur, en le laissant dépasser de 0,5 cm à l'extérieur. Faites un point machine pour fixer le lien. Répétez l'opération de l'autre côté avec l'autre lien.
3. Superposez les liens à l'intérieur de la bande et fixez-les avec du ruban adhésif pour ne pas les prendre dans les coutures.

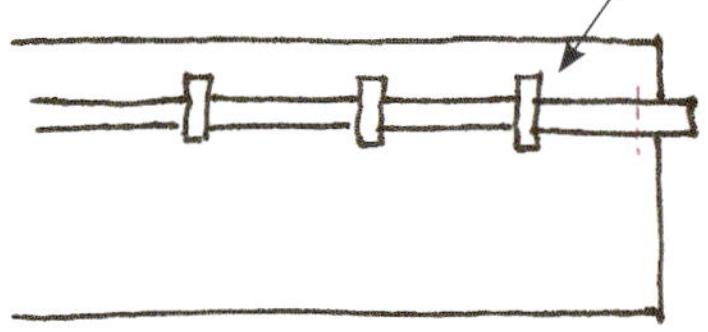

4. Repliez A en deux, endroit contre endroit, et piquez les côtés ouverts en laissant une ouverture centrale d'environ 10 cm.

5. Retournez la ceinture sur l'endroit (voir p. 12). Repassez et fermez l'ouverture à points glissés (voir p. 8).

LES FINITIONS

1. Placez les 2 grandes plumes, envers contre envers, et collez-les. Laissez sécher sous un gros livre.
2. Découpez des petites encoches avec des ciseaux pour styliser la plume et retaillez les imperfections de superposition. Piquez tout le tour de la plume au ras du bord.
3. Collez la plume sur une des extrémités de la ceinture en laissant dépasser la partie pointue sur le lien. Laissez sécher, puis faites une piqûre centrale en effectuant un aller-retour sur toute la longueur de la plume.

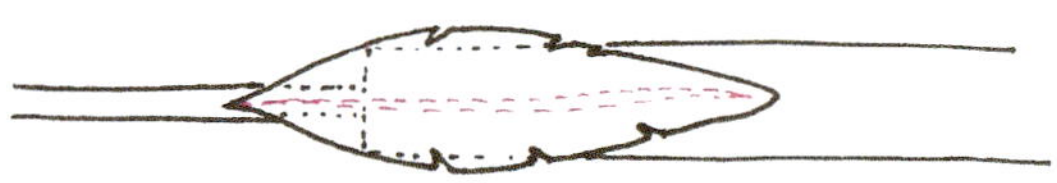

4. Collez le recto d'une petite plume sur le verso d'une autre en insérant l'extrémité d'un des liens entre les deux, sur 4 cm environ. Laissez sécher. Répétez l'opération avec l'autre plume, à placer au bout de l'autre lien.
5. Répétez l'étape 2. Piquez tout le tour des plumes au ras du bord. Faites une piqûre centrale en effectuant un aller-retour depuis le lien sur toute la longueur de la plume.

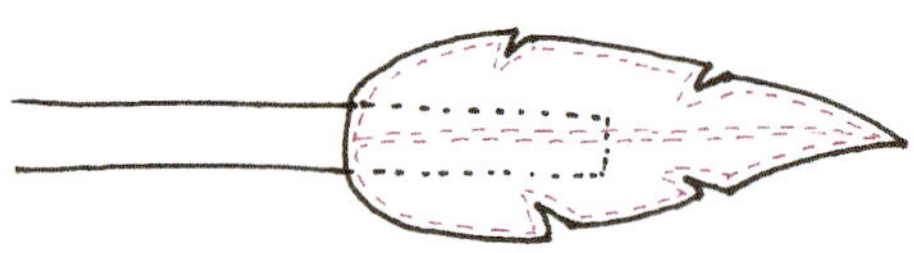

CITADINE

Avec une telle ceinture, taille de guêpe assurée !

FOURNITURES

- Du coton à motifs géométriques (A) : 9 cm x laize
- Du lin uni, de la batiste fleurie ou du coton à fleurs (B) : 9 cm x laize
- Du passepoil en similicuir : 250 cm
- 1 boucle (en bois, métallisée or ou argent) de 4 cm de diamètre
- 1 aiguille à tricoter (pour retourner)
- 1 bol (pour tracer les angles)
- Le petit matériel de couture

LA COUPE

1. Découpez 1 bande de tissu de 9 x 110 cm (T + 20 cm) dans les tissus A et B.

2. Pliez la bande A en deux dans le sens de la largeur. Placez un bol sur l'un des côtés, en alignant l'arrondi sur le côté ouvert du tissu. Tracez l'arrondi et coupez le tissu en double afin d'obtenir 1 extrémité ovale.

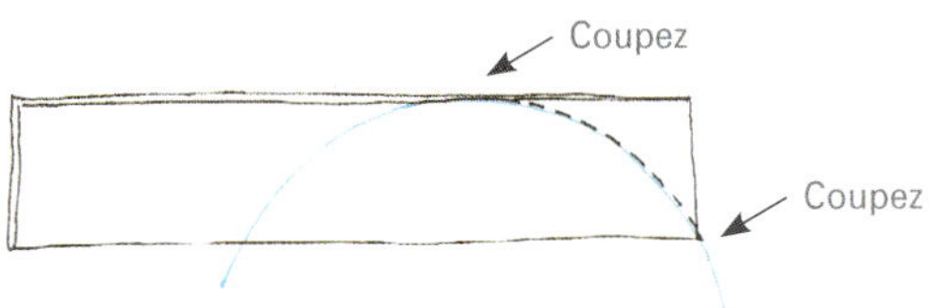

3. Répétez l'étape 2 avec le tissu B.

4. Ouvrez les tissus A et B et repassez-les.

L'ASSEMBLAGE

1. Épinglez le passepoil (voir p. 10) sur l'endroit de A, sur les 3 côtés, cordelette vers l'intérieur, en commençant du côté droit et par la partie la plus longue. Bâtissez.

2. Installez le pied-de-biche spécial fermeture à glissière sur la machine et piquez au ras du cordon (voir p. 10).

3. Superposez A et B, endroit contre endroit. Épinglez, bâtissez, puis repiquez sur la même couture, en laissant le petit côté droit ouvert.

4. Retournez la ceinture sur l'endroit avec l'aiguille à tricoter (voir p. 12). Faites un rentré de 1 cm vers l'intérieur au niveau de l'ouverture, puis fermez à points glissés.

LES FINITIONS

1. Enfilez l'extrémité droite de la ceinture à cheval sur la partie centrale de la boucle et rabattez le tissu B sur le tissu B, sur 4 cm environ.

2. Faites un point à la main sur chacun des 2 angles du rabat.

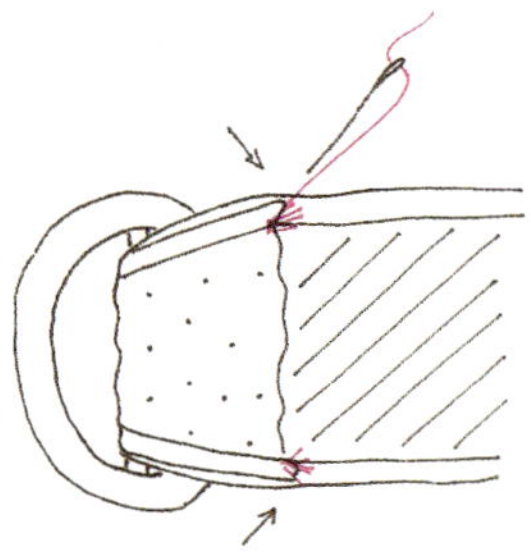

Astuce

Pour positionner un passepoil sur une partie arrondie, crantez la partie plate du passepoil au niveau de la courbe pour qu'il puisse suivre la découpe du tissu.

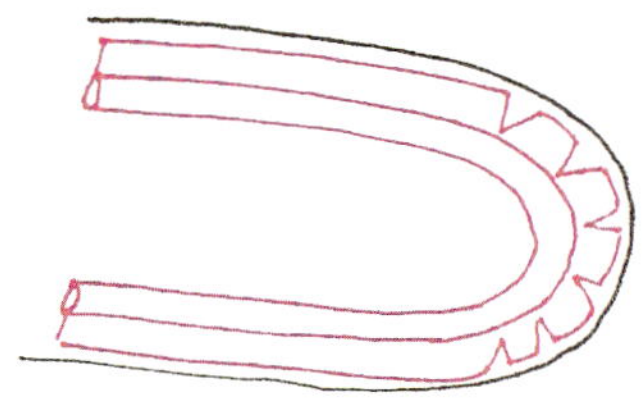

PÉTILLANTE

Les proportions originales et la belle asymétrie mettront en valeur n'importe quelle tenue.

FOURNITURES

- Du Liberty, de la suédine camel ou du coton à gros motifs (A) : 27 cm x laize
- De la popeline verte, du coton à motifs ou à fleurs (B) : 27 cm x laize
- Du passepoil : 12 cm
- 1 patte de cuir (bleu métallisé, noire ou rose) avec boucle
- 1 bol de 10 cm de diamètre (pour tracer les angles)
- Du bristol
- De la colle textile
- Le petit matériel de couture

LA COUPE

1. Coupez 1 rectangle de bristol de 28 x 17 cm, reportez-y le gabarit de la jupette (voir p. 98) et découpez-le.
2. Découpez 1 bande de 10 x 80 cm (T – 10 cm) dans les tissus A et B. Placez le bol sur une des extrémités en faisant toucher les 3 côtés et tracez la forme au crayon. Découpez l'arrondi.

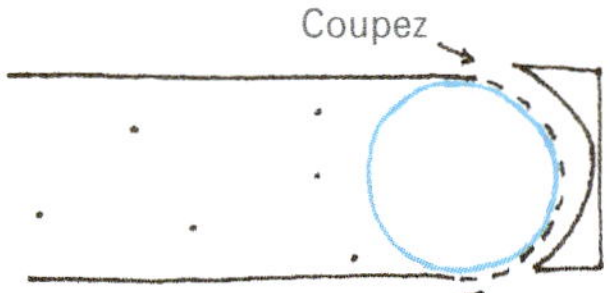

3. Posez le gabarit de la jupette sur l'envers de A restant, en plaçant la pointe arrondie à gauche. Tracez et découpez sur le trait.
4. Répétez l'étape 3 avec la bande B, en plaçant cette fois la pointe arrondie à droite.

L'ASSEMBLAGE

1. Superposez la bande A et la jupette B, endroit contre endroit, petit côté de la jupette sur le côté droit de A. Placez le passepoil entre les deux, le long du petit côté de la jupette, puis piquez.

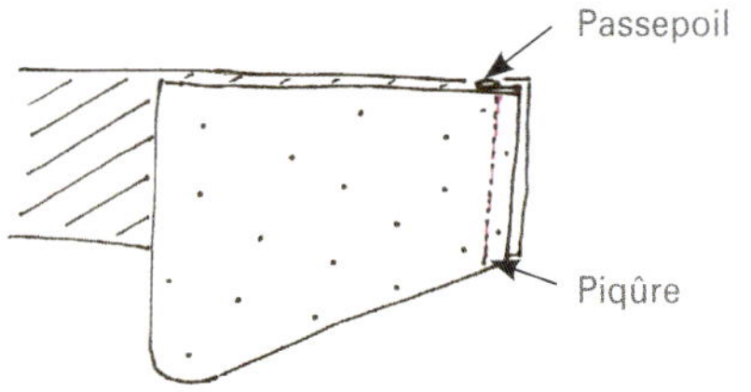

2. Ouvrez la bande et faites une surpiqûre côté jupette, au ras du passepoil.
3. Superposez la bande B et la jupette A, endroit contre endroit, en alignant le petit côté de la jupette avec le côté droit de B. Piquez.
4. Superposez les 2 ceintures obtenues, endroit contre endroit. Épinglez et bâtissez. Piquez tout autour en laissant une ouverture centrale de 15 cm environ. Coupez l'angle droit et crantez les arrondis.

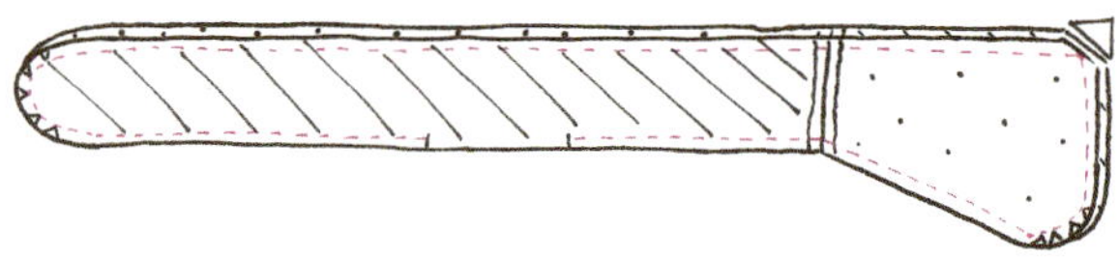

5. Retournez la ceinture sur l'endroit (voir p. 12). Repassez soigneusement. Faites une piqûre à environ 0,5 cm du bord sur tout le tour.

LOVE

LES FINITIONS

1. Placez la partie de la patte avec la boucle à cheval sur l'extrémité de la partie arrondie, en la centrant dans la largeur. Collez au centre, puis piquez l'arrondi du cuir placé sur la ceinture.

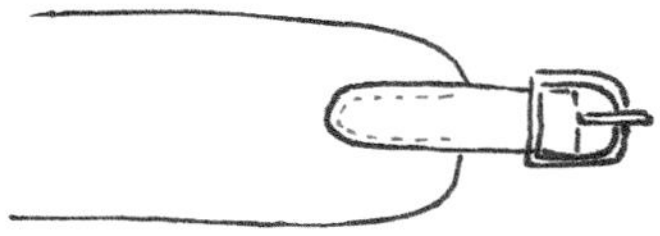

2. Essayez la ceinture pour déterminer l'emplacement de l'autre partie de la patte sur la partie jupette (à environ 4 cm du passepoil). Cousez-la à 4 cm du bord supérieur. Collez l'extrémité, puis faites une couture tout autour de l'arrondi, sur une longueur de 2 cm.

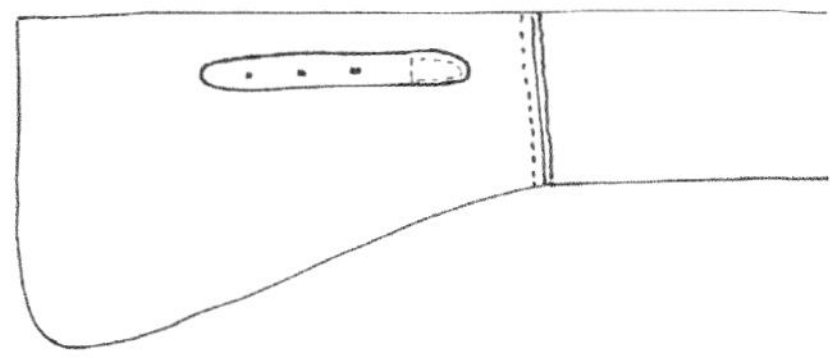

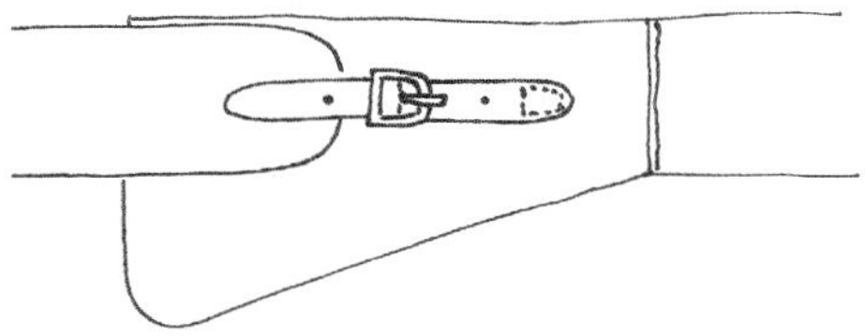

Gabarit à taille réelle

LES COLS

COL CLAUDINE

Un col réversible qui ajoutera le petit air « enfant sage » que vous rêvez d'être !

FOURNITURES

* Du coton imprimé à pois, cerises ou étoiles (A) : 30 x 50 cm
* Du coton vichy, du lin rouge ou du chambray (B) : 30 x 50 cm
* Du ruban ou du cordon : 2 fois 30 cm
* Le petit matériel de couture

À noter

Les anglo-saxons appellent ce col le col Peter Pan !

LA COUPE

1. Reproduisez le gabarit en miroir sur du papier depuis la ligne de pliure, de façon à obtenir la forme complète du col (voir p. 148). Découpez la forme.
2. Épinglez le gabarit sur le tissu A, tracez le contour et reportez l'emplacement du ruban ou du cordon.
3. Coupez le tissu en ajoutant tout autour une marge de couture de 1 cm.
4. Procédez de la même manière pour le tissu B.

L'ASSEMBLAGE

1. Superposez les 2 tissus A et B endroit contre endroit.
2. Épinglez les 2 tissus. Glissez le ruban ou le cordon (sauf 1,5 cm) aux 2 emplacements indiqués sur le gabarit. Pour ne pas prendre malencontreusement la longueur de ruban ou decordon dans une couture, enroulez-la sur elle-même et maintenez-la épinglée le temps de coudre.
3. Cousez tout le tour en laissant 8 cm d'ouverture sur le bord arrière.
4. Avec les ciseaux cranteurs, coupez le surplus de tissu à 0,5 cm de cette couture et retournez le col sur l'endroit. Formez bien les bords et les angles (voir p.10) et repassez.
5. Repliez vers l'intérieur les 2 bords de tissu non cousus et fermez à la main à points invisibles.

Astuce

Ce col est réversible, amusez-vous à le porter des 2 côtés !

DOUBLE

Extravagant et sage en même temps, il fera merveille sur votre petite robe noire.

FOURNITURES

* Du coton quadrillé, à grosses fleurs ou noir (A) : 30 x 50 cm
* Du coton à pois, uni ou à motifs (B) : 30 x 50 cm
* Du cordon assorti au tissu : 10 cm
* 1 bouton de 1,5 cm de diamètre
* Du croquet doré, rose fluo ou noir
* Le petit matériel de couture

LA COUPE

1. Reproduisez en miroir le gabarit **1** (voir p. 149) sur du papier depuis la ligne de pliure indiquée, de façon à obtenir la forme complète du col. Découpez la forme.
2. Épinglez le gabarit **1** sur le tissu A, tracez le tour avec la craie et reportez l'emplacement du cordon.
3. Coupez le tissu en ajoutant tout autour une marge de couture de 1 cm.
4. Réalisez l'opération une 2de fois, toujours avec le tissu A.
5. Procédez 2 fois de la même manière pour le gabarit **2** (voir p. 149) sur le tissu B.

L'ASSEMBLAGE

Le col du dessus

1. Pour le col supérieur réalisé en tissu A, superposez les 2 formes endroit contre endroit, puis épinglez-les en glissant le morceau de cordon à l'intérieur, dans l'angle gauche.
2. Cousez tout le tour en laissant 8 cm d'ouverture sur le bord arrière de l'encolure.
3. Avec les ciseaux cranteurs, coupez le surplus de tissu à 0,5 cm de cette couture et retournez le col sur l'endroit. Formez bien les bords et repassez.
4. Repliez vers l'intérieur les 2 bords de tissu non cousus et fermez à points invisibles.
5. Cousez le bouton en vis-à-vis du cordon.

Le col du dessous

1. Il est réalisé avec le tissu B. Épinglez le croquet sur 1 face endroit, sauf au niveau de l'encolure, puis cousez à cheval sur la ligne de gabarit tracée à la craie.
2. Superposez les 2 formes de col de tissu B endroit contre endroit, épinglez et cousez sur la ligne de couture du croquet, en laissant 8 cm sur le bord arrière de l'encolure.
3. Avec des ciseaux cranteurs, coupez le surplus de tissu à 0,5 cm de la couture et retournez le col sur l'endroit. Formez bien les bords et les angles (voir p. 10) et repassez.
4. Repliez vers l'intérieur les 2 bords de tissu non cousus, cousez à la main à points invisibles. Assemblez les 2 cols en faisant une couture invisible tout le long de l'encolure.

VICTORIEN

Jouez les héroïnes des sœurs Brontë tout en protégeant votre cou avec élégance.

FOURNITURES

* Du lainage, du damassé ou de la fausse fourrure (A) : 20 x 50 cm
* Du coton ou de la soie à motifs (B) : 20 x 50 cm
* 1 attache à boucle en cuir ou à brandebourg
* Le petit matériel de couture

Conseil

Pour coudre les attaches en cuir, utilisez une aiguille spécial cuir.

LA COUPE

1. Sur du papier, reproduisez le gabarit en miroir depuis la ligne de pliure indiquée de façon à obtenir la forme complète du col (voir p. 152). Découpez la forme.
2. Épinglez le gabarit sur le tissu A et tracez le tour avec une craie.
3. Coupez le tissu en ajoutant tout autour une marge de couture de 1 cm.
4. Procédez de la même manière pour le tissu B.

L'ASSEMBLAGE

1. Superposez les 2 formes de col A et B endroit contre endroit, épinglez-les et cousez-les en laissant 8 cm d'ouverture pour retourner.
2. Avec les ciseaux cranteurs, coupez le surplus de tissu à 0,5 cm de la couture et retournez le col sur l'endroit. Formez bien les bords et les angles (voir p. 10) et repassez si besoin selon la matière utilisée.
3. Repliez vers l'intérieur les 2 bords de tissu non cousus et fermez à points invisibles.
4. Cousez les attaches à la main en doublant le fil.

Astuce

Pour les tissus de doublure trop fins comme la soie (modèle en fausse fourrure), n'hésitez pas à utiliser du thermocollant qui facilitera la couture et donnera une belle tenue au col.

PLISSÉ

Des plis, des nœuds, une belle ampleur : choisissez votre modèle !

FOURNITURES

* Du coton imprimé (A) : 40 x 50 cm
* Du plumetis ou du coton assorti (B) : 40 x 50 cm
* Du ruban de satin, de coton ou de lurex : 2 fois 30 cm
* Le petit matériel de couture

LA COUPE

1. Sur du papier, reproduisez le gabarit en miroir depuis la ligne de pliure, de façon à obtenir la forme complète du col (voir p. 152). Découpez la forme.
2. Épinglez le gabarit sur le tissu A, tracez le tour avec la craie et reportez l'emplacement du ruban.
3. Coupez le tissu en ajoutant tout autour une marge de couture de 1 cm.
4. Procédez de la même manière pour le tissu B.

L'ASSEMBLAGE

1. Superposez les 2 tissus A et B endroit contre endroit.
2. Épinglez les 2 tissus. Glissez tout le ruban (sauf 1,5 cm) aux 2 emplacements indiqués sur le gabarit. Pour ne pas prendre malencontreusement la longueur de ruban dans une couture, enroulez-la sur elle-même et maintenez-la épinglée le temps de coudre.
3. Cousez les 2 côtés et le bas du col. Vous ne fermerez le col qu'à l'étape 6 après avoir fixé les plis.
4. Avec les ciseaux cranteurs, coupez le surplus de tissu à 0,5 cm de la couture et retournez le col sur l'endroit. Formez bien les bords et les angles (voir p. 10) et repassez.
5. En prenant les 2 tissus, marquez les plis avec des épingles depuis le haut du col jusqu'au bas préalablement cousu. Aidez-vous des repères indiqués sur le gabarit : les lignes pointillées sont la « crête » des plis, les lignes pleines sont le « creux » des plis. Repassez pour les fixer.
6. Marquez les plis au fer. Repliez vers l'intérieur les 2 bords non cousus, épinglez, puis cousez tout le long en prenant bien les épaisseurs de plis sur l'endroit et sur l'envers.

DÉCALÉ

C'est l'asymétrie qui apporte toute l'originalité de ce col.

FOURNITURES

* Du coton imprimé ou uni (A) : 40 x 50 cm
* Du coton faux-uni (B) : 40 x 50 cm
* Du passepoil
* Du cordon noir : 10 cm
* 1 bouton de 1 cm de diamètre
* Des ciseaux cranteurs
* Le petit matériel de couture

A

B

LA COUPE

1. Reproduisez le gabarit sur du papier (voir p. 148), découpez-le et épinglez-le sur le tissu A. Tracez le contour et indiquez l'emplacement du cordon.
2. Coupez le tissu en ajoutant tout autour une marge de couture de 1 cm.
3. Procédez de la même manière pour le tissu B.

L'ASSEMBLAGE

1. Épinglez le passepoil sur l'endroit du tissu A, la partie ronde vers l'intérieur du col et la ligne de couture du passepoil à cheval sur la ligne de gabarit tracée à la craie. Cousez tout du long.
2. Superposez A et B endroit contre endroit, puis épinglez en glissant le morceau de cordon dans l'un des angles comme indiqué sur le gabarit.
3. Cousez tout le tour en vous alignant sur la 1re couture du passepoil et en laissant 8 cm d'ouverture sur le bord arrière.
4. Avec les ciseaux cranteurs, découpez le surplus de tissu à 0,5 cm de la couture et retournez le col sur l'endroit. Formez bien les bords et les angles (voir p. 10) et repassez.
5. Fermez l'ouverture à la main à points invisibles.
6. Cousez le bouton en vis-à-vis du cordon.

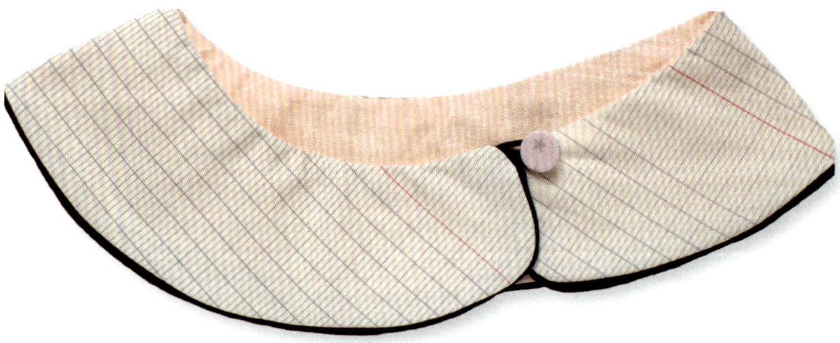

POINTU

Col & lavallière : un duo extravagant à porter ensemble ou séparément.

FOURNITURES

* Du coton imprimé, du lin lamé ou du lin (A) : 30 x 50 cm
* Du coton de broderie anglaise ou imprimé à pois (B) : 40 x 120 cm
* 1 bouton de 1 cm de diamètre
* Des boutons-pression
* 12 clous thermocollants
* Le petit matériel de couture

LA COUPE

1. Reproduisez en miroir les gabarits 1 et 2 (voir p. 151) depuis les lignes de pliure indiquées, de façon à obtenir la forme complète du col et du pied de col. Découpez les formes.
2. Épinglez le gabarit 1 sur le tissu A et tracez le contour. Coupez le tissu en ajoutant tout autour une marge de couture de 1 cm.
3. Réalisez l'opération une 2de fois, toujours avec le tissu A.
4. Procédez de la même manière pour le gabarit 2 sur le tissu B.
5. Reproduisez sur du papier le gabarit 3 (voir p. 46). Découpez. Épinglez ce gabarit 3 sur le tissu B et tracez le contour. Coupez le tissu en ajoutant tout autour une marge de couture de 1 cm.
6. Procédez de la même manière une 2de fois, toujours avec le tissu B.

L'ASSEMBLAGE

Le col

1. Pour former les pointes du col, superposez les 2 formes de col endroit contre endroit, épinglez et cousez les 2 côtés et le haut. Avec les ciseaux cranteurs, coupez le surplus de tissu à 0,5 cm de la couture et retournez sur l'endroit. Formez bien les angles (voir p. 10) et repassez.
2. Pour assembler le pied de col au col, superposez dans cet ordre : le dessous de pied de col, endroit (arrondi vers le haut) contre endroit avec le col pointes vers le bas (en partie cousu à l'étape 1), puis le dessus du pied de col envers visible vers vous. Faites correspondre le milieu et les extrémités du col et du pied de col. Épinglez, puis piquez le long du col et des extrémités arrondies du pied de col. Vous obtenez le col assemblé au pied de col.
3. Avec les ciseaux cranteurs, coupez le surplus de tissu à 0,5 cm de la couture que vous venez de faire. Retournez le pied de col sur l'endroit.
4. Pour terminez le bas du pied de col, rabattez vers l'intérieur les bords non cousus tout le long du bas du pied de col, et cousez à points invisibles.
5. Cousez le bouton et, au-dessous, les boutons-pression en vis-à-vis sur les 2 extrémités du pied de col. Appliquez les éléments décoratifs.

La lavallière

1. Superposez les 2 formes B endroit contre endroit, épinglez et cousez tout autour en laissant 8 cm d'ouverture sur la partie centrale.
2. Avec les ciseaux cranteurs, coupez le surplus de tissu à 0,5 cm de la couture et retournez sur l'endroit. Formez bien les angles (voir p. 10) et repassez.
3. Fermez l'ouverture à la main à points invisibles.

Astuce

Ce col se porte avec les 2 pièces, ou bien séparément : le col donnera du style à vos pulls tandis que la lavalière habillera vos chemises.

ONDINE

**Une originale forme de papillon, de riche motifs, et en plus il est réversible !
Un col à collectionner.**

FOURNITURES

* Du coton, de la toile de Jouy ou du tweed (A) : 30 x 50 cm
* Du coton imprimé (B) : 30 x 50 cm
* Du cordon ou du ruban : 2 fois 30 cm
* Le petit matériel de couture

LA COUPE

1. Reproduisez le gabarit sur du papier (voir p. 150). Découpez la forme.

2. Épinglez le gabarit sur le tissu A, tracez le contour et marquez l'emplacement du ruban.

3. Coupez le tissu en ajoutant tout autour une marge de couture de 1 cm.

4. Réalisez l'opération une 2de fois, toujours avec le tissu A.

5. Procédez 2 fois de la même manière pour le tissu B.

L'ASSEMBLAGE

1. Superposez A et B endroit contre endroit, puis épinglez en glissant le ruban ou le cordon dans l'angle indiqué.

2. Cousez tout le tour en laissant 8 cm d'ouverture sur le bord arrière de l'encolure.

3. Avec les ciseaux cranteurs, coupez le surplus de tissu à 0,5 cm de cette couture en prenant soin de bien cranter le creux de chaque vague. Retournez le col sur l'endroit. Formez bien les bords et les angles (voir p. 10) et repassez.

4. Fermez l'ouverture à points invisibles.

5. Réalisez ces opérations pour la 2de partie du col.

6. Assemblez les 2 parties à points invisibles au centre avant du col.

Astuce

Ce col est réversible, et de plus, le nœud peut se porter à l'arrière.

COLLIER

Parfait pour mettre en valeur un beau décolleté.

FOURNITURES

- Du similicuir ou du cuir (A) : 15 x 30 cm
- Du tulle ou de la dentelle (B) : 20 x 30 cm
- 1 chaîne vieil or, à strass ou argent : 30 cm
- 1 système d'attache pour chaîne
- Des strass à coller ou des perles à coudre
- De la colle textile
- Des ciseaux droits et des ciseaux cranteurs
- Le petit matériel de couture

LA COUPE

1. Reproduisez les gabarits 1 et 2 en miroir sur du papier (voir p. 153), depuis les lignes de pliure de façon à obtenir la forme complète du col. Découpez les formes.
2. Reportez le gabarit 1 sur le tissu A et tracez le tour avec la craie. Refaites l'opération une 2de fois.
3. Coupez le tissu A avec des ciseaux droits, sauf le bas que vous couperez avec des ciseaux cranteurs. Répétez l'opération une 2de fois.
4. Procédez de la même manière avec le gabarit 2 sur le tissu B, puis coupez uniquement avec des ciseaux droits.

L'ASSEMBLAGE

1. Coupez la chaîne en deux et assemblez chaque morceau à son attache (ajustez la longueur de la chaîne selon votre goût).
2. Superposez A et B, puis collez les 2 pièces de tissu de chaque côté en recouvrant l'attache. Pressez bien et laissez sécher.
3. Collez ou cousez à la main les strass ou les perles (selon le modèle choisi) sur la 2de forme A.
4. Collez-la sur le tissu B de l'ensemble obtenu précédemment.

MARIN

Un air de grand large, idéal pour les citadines !

FOURNITURES

* De la toile imprimé matelas, du Liberty ou du crêpe (A) : 50 x 60 cm
* Du coton à pois ou à rayures (B) : 50 x 60 cm
* Du ruban gris, turquoise ou marine : 2 fois 30 cm
* Du galon à paillettes : 100 cm
* Le petit matériel de couture

LA COUPE

1. Reproduisez les gabarits **1** et **2** en miroir sur du papier (voir p.154-155), depuis les lignes de pliure indiquées et en les assemblant aux repères A et B, de façon à obtenir la forme complète du col. Découpez les formes.
2. Épinglez le gabarit sur le tissu A, tracez le tour avec une craie et reportez l'emplacement du ruban.
3. Coupez le tissu en ajoutant tout autour une marge de couture de 1 cm.
4. Procédez de la même manière pour le tissu B.

L'ASSEMBLAGE

1. Épinglez les 2 rangées de galon à paillettes sur l'endroit du tissu A, aux emplacements indiqués sur le gabarit 1, puis cousez.
2. Superposez A et B endroit contre endroit.
3. Épinglez les 2 tissus. Glissez tout le ruban (sauf 1,5 cm) aux 2 emplacements indiqués sur le gabarit 2. Pour ne pas prendre malencontreusement la longueur de ruban dans une couture, enroulez-la sur elle-même et maintenez-la épinglée le temps de coudre.
4. Cousez tout le tour en laissant 8 cm d'ouverture sur un côté.
5. Avec les ciseaux cranteurs, coupez le surplus de tissu à 0,5 cm de cette couture et retournez le col sur l'endroit. Formez bien les bords et les angles (voir p. 10) et repassez.
6. Fermez l'ouverture à points invisibles.

ÉPAULETTES

Cet hiver, arborer un petit air cosaque est très tendance...

FOURNITURES

- Du coton imprimé, du Liberty ou du damassé (A) : 40 x 50 cm
- Du lin ou du satin (doublure, B) : 40 x 50 cm
- 2 boutons ronds de 1 cm de diamètre
- Du fin cordon : 2 fois 10 cm
- Du galon à franges ou du croquet : 60 cm
- Des ciseaux cranteurs
- Le petit matériel de couture

LA COUPE

Le col est réalisé en 2 parties qui s'accrochent sur les épaules. Comme il est doublé, il y a 4 formes à découper.

1. Reproduisez le gabarit en miroir sur du papier, depuis la ligne de pliure, de façon à obtenir la forme complète de la face avant du col (voir p.120). Découpez la forme.
2. Épinglez le gabarit sur le tissu A, tracez le contour à la craie et reportez l'emplacement des cordons. Coupez le tissu en ajoutant tout autour une marge de couture de 1 cm.
3. Réalisez l'opération une 2de fois, toujours avec le tissu A, de façon à obtenir la face arrière du col.
4. Procédez 2 fois de la même manière avec le tissu B, pour la doublure du col.
5. Coupez le galon en deux.

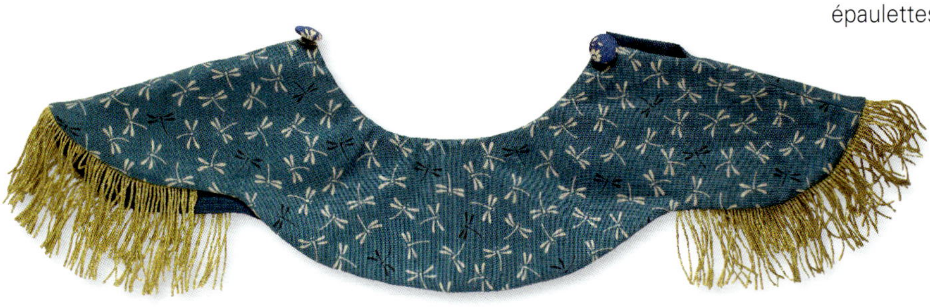

L'ASSEMBLAGE

1. Assemblez les formes A : superposez les 2 faces du col endroit contre endroit, épinglez et cousez les épaules sur 8,5 cm en partant du bord externe (voir repère T sur le gabarit). Il restera 6 cm jusqu'au cou non cousus ensemble. Retournez le montage sur l'endroit. Procédez de la même manière pour B. Vous obtenez une forme de col entier (comme un grand anneau) A et une forme de col entier B (la doublure).
2. Pour assembler les 2 morceaux de col (tissu A et tissu B), il faudra réaliser une couture sur les envers, sur tout le bas du col, en intégrant la pose des franges. Posez à plat le col A endroit vers vous, puis le galon à franges (franges vers l'intérieur du col) selon les repères indiqués, et enfin le col B envers vers vous. Épinglez tout le pourtour extérieur en prenant ces 3 épaisseurs.
3. Cousez tout le pourtour extérieur (pour les modèles à franges, placez bien les franges à l'intérieur pour ne pas les prendre dans la couture). Les 2 faces du col sont maintenant cousues ensemble par le bas.
4. Avec les ciseaux cranteurs, coupez le surplus de tissu à 0,5 cm de ces coutures. Crantez les courbes et les creux le long des épaulettes. Retournez le col sur l'endroit et repassez.

LES FINITIONS

Ces étapes permettent de terminer les ouvertures de chaque côté du cou.

1. Au niveau de la face avant du col et sur l'épaule droite, à l'endroit des 6 cm non cousus lors de l'étape 1, repliez vers l'intérieur les bords des tissus A et B. Glissez et épinglez 1 cordon pour faire la boutonnière (voir le gabarit), puis cousez. Faites la même chose sur le côté épaule gauche, toujours sur la face avant du col.

2. Au niveau de la face arrière du col et sur l'épaule droite, à l'endroit des 6 cm non cousus lors de l'étape 1, repliez vers l'intérieur les bords des tissus A et B, puis cousez. Faites la même chose sur le côté épaule gauche, toujours sur la face arrière du col.

3. Cousez 1 bouton sur chaque épaule (face arrière) en vis-à-vis du cordon.

4. Au niveau de l'encolure, repliez vers l'intérieur les 2 bords de tissu non cousus sur la face avant du col et fermez à points invisibles.

5. Procédez de la même manière sur la face arrière du col.

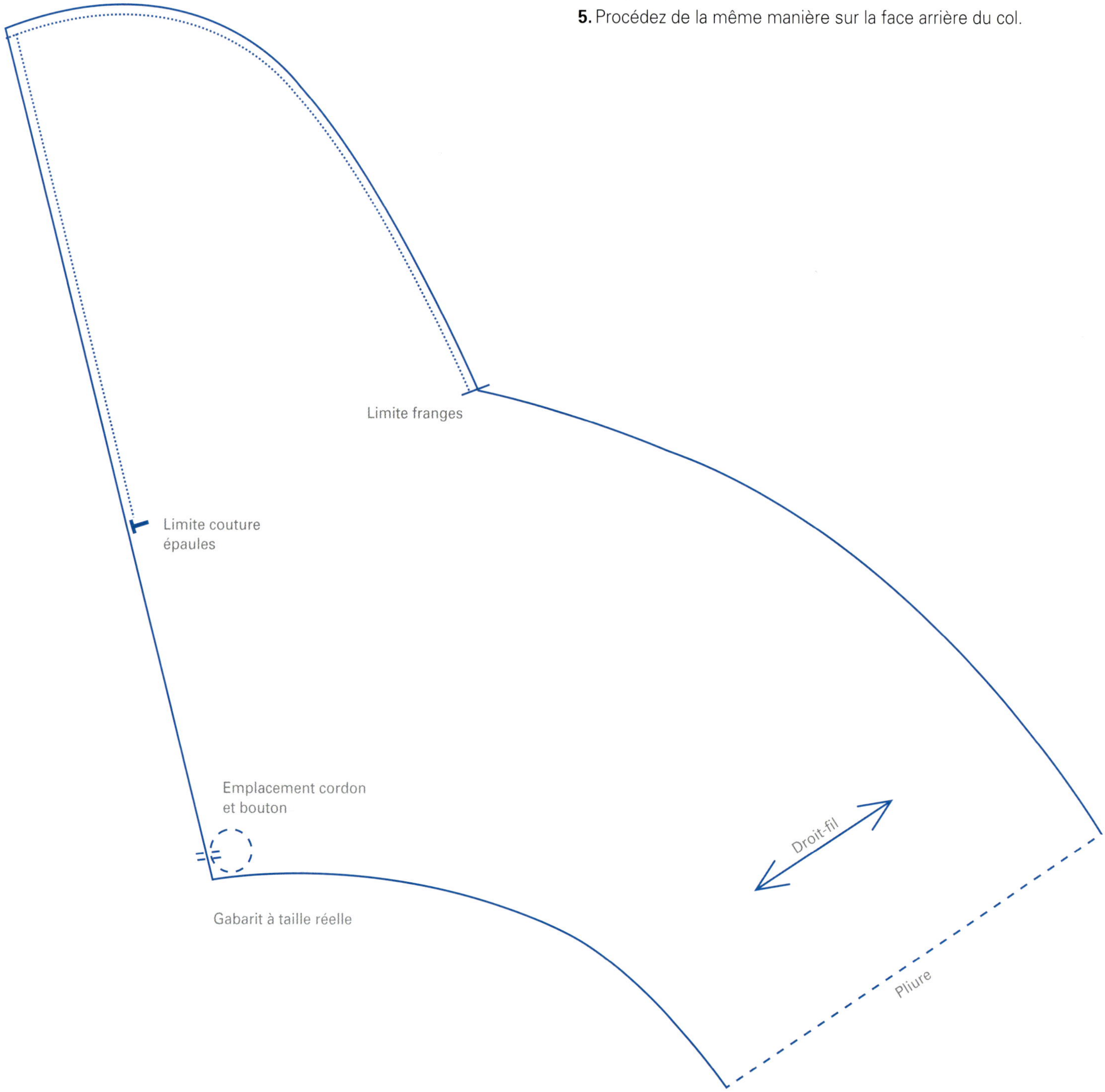

Gabarit à taille réelle

LES COUSSINS

COUSSINS À POCHES

Décoratif et utile : des poches pour y glisser fleurettes ou colifichets.

FOURNITURES

- Du Liberty, du lin bleu ou gris clair (A) : 50 x 140 cm
- Du coton à pois, à motifs cahier ou imprimé losanges (B) : 50 x 50 cm
- Du biais (rose fluo, en chambray ou doré) : 55 cm
- De la ouate de rembourrage
- Des ciseaux cranteurs
- Le petit matériel de couture

DIMENSIONS DES COUSSINS

45 x 45 cm

LA COUPE

1. Découpez 2 carrés de 47 x 47 cm dans le tissu A, si vous optez pour un coussin sans fermeture. Si vous souhaitez un coussin avec une fermeture à glissière ou à rabats avec boutons, voir p. 14).
2. Dans du papier, découpez le gabarit de la poche choisie (voir ci-dessous).
3. Placez ce gabarit sur le carré B, puis découpez en ajoutant 1 cm de marge tout autour.

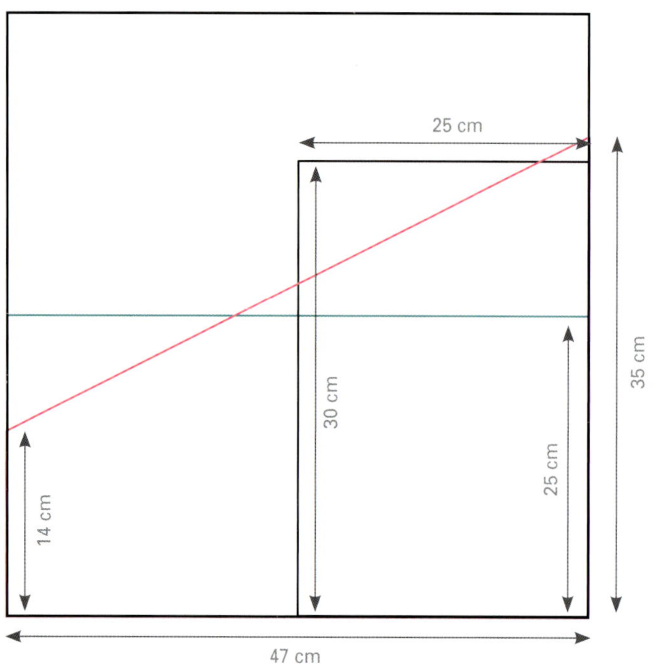

Poche pour coussin rose — Poche pour coussin écolier — Poche pour coussin losanges

L'ASSEMBLAGE

Pour les modèles « rose » et « losanges » :

1. Posez le biais sur le haut de la poche (voir p. 10). Placez la poche, face envers sur face endroit du carré A (voir les indications de placement).
2. Épinglez les bords pour maintenir la poche sur le 1er tissu A, posez, puis épinglez endroit contre endroit le 2d carré A. Cousez tout le tour, sauf 20 cm situés en haut du coussin (dans une partie sans surépaisseur de poche).

Pour le modèle « écolier » :

1. Faites un ourlet sur le bord haut en repliant 2 fois le tissu et cousez le biais sur le bord gauche de la poche (voir p. 10).
2. Placez la poche face envers sur la face endroit de 1 carré de tissu A (voir les indications de placement). Épinglez et cousez sur toute la longueur du biais pour le fixer.
3. Reprenez ensuite les explications de l'étape 2 des 2 autres modèles.

Pour les 3 modèles :

Avec les ciseaux cranteurs, découpez le surplus de tissu à 0,5 cm de la couture réalisée. Retournez sur l'endroit.
Rembourrez, puis fermez les 20 cm restants à points invisibles.

MOELLEUX

Une belle rondeur façon macaron pour se lover avec gourmandise.

FOURNITURES

* Du coton imprimé bleu ciel, du Liberty rose ou du coton à fleurs anis : 50 x 140 cm
* 1 bouton orange ou des boutons à recouvrir de 4 cm de diamètre
* De la ouate de rembourrage
* 1 compas de couturière
* Le petit matériel de couture

DIMENSIONS DES COUSSINS

30 cm de diamètre

À noter

Pour les modèles en Liberty et à fleurs anis, les boutons sont à recouvrir avec le tissu du coussin (reportez-vous aux instructions du fabricant).

À noter

Si vous n'avez pas de compas de couturière, accrochez 1 morceau de fil à 1 épingle et un crayon à l'autre extrémité du fil. Plantez l'épingle au centre de votre tissu et tracez le cercle à l'aide du crayon tout en conservant le fil bien tendu.

LA COUPE

Dans le tissu, découpez 1 cercle de 31 cm de diamètre et 1 bande de 18 x 96 cm.

L'ASSEMBLAGE

1. Assemblez les 2 extrémités de la bande endroit contre endroit pour former 1 anneau, en ne prenant que 1 cm de marge de couture à chaque extrémité. Épinglez et cousez.
2. Épinglez cet anneau au cercle de tissu, endroit contre endroit. Cousez tout le tour.
3. Passez un fil de fronce au bord de l'anneau, tout en commençant à rembourrer le coussin. Quand le tour est terminé et que le coussin semble assez garni, froncez au maximum, puis fermez par quelques points d'arrêt.
4. Recouvrez le bouton avec le tissu (pour les modèles en Liberty et à fleurs anis), puis cousez-le au centre. Cousez le bouton orange (pour le modèle bleu ciel).

Astuce

Pour recouvrir un bouton avec du tissu, découpez un cercle dans le tissu choisi, mesurant 2 fois le diamètre du bouton. Faufilez le contour du cercle avec un fil solide, tirez sur les fils et faites un nœud serré pour fixer le tissu sous le bouton.

ARTY SHOW !

Votre amour de l'art s'affiche nettement !

FOURNITURES

- Du lin, du coton vert d'eau ou du coton pêche (face avant) : 50 x 140 cm
- Du coton imprimé ikat, du Liberty ou du coton à motifs (face arrière) : 50 x 140 cm
- Du ruban de satin ou de la dentelle de couleurs
- Du papier transfert A4
- Une image de votre choix
- De la ouate de rembourrage
- Le petit matériel de couture

DIMENSIONS DU COUSSIN

35 x 30 cm

Conseil

Si vous souhaitez d'abord retravailler l'image en modifiant les couleurs ou créer une frise comme sur les 3 modèles présentés ici, utilisez un logiciel de photo ou de dessin. Si vous voulez inclure du texte, pensez à le retourner en miroir, car l'image sera inversée sur le transfert. Une fois vos modifications validées, imprimez l'image sur le papier transfert.

LA PRÉPARATION

1. Photocopiez l'image choisie sur le papier transfert.
2. Tracez au crayon 1 ovale de 20 x 24 cm sur l'image transférée puis découpez-la en suivant le tracé.

LA COUPE

Dans chaque tissu (faces avant et arrière), découpez 1 ovale de 32 x 37 cm.

L'ASSEMBLAGE

1. Placez l'image sur l'endroit de l'ovale, puis appliquez le transfert au fer à repasser.
2. Épinglez endroit contre endroit les 2 faces de tissu, puis cousez tout le tour en laissant 15 cm d'ouverture. Découpez avec les ciseaux cranteurs le surplus de tissu à 0,5 cm de la couture réalisée. Retournez sur l'endroit. Rembourrez, puis fermez l'ouverture à points invisibles.
3. Faites un nœud avec le ruban et cousez-le en haut de l'image.

Petites soeurs
LADURÉE

GLAMOUR

Ah ! L'amour, toujours l'amour !

FOURNITURES

* Du taffetas lurex or, du coton corail imprimé ou du coton à pois : 50 x 140 cm
* Du ruban blanc et gris, rayé multicolore ou blanc à pois : 50 cm
* Du ruban de dentelle, rayé ou à paillettes : 50 cm
* Du ruban pailleté, rose ou cuivre : 50 cm
* De la ouate de rembourrage
* Le petit matériel de couture

DIMENSIONS DES COUSSINS

Pois : 26 x 22 cm
Étoiles : 18 x 14 cm
Doré : 4 x 30 cm

Astuce

Pour éviter de prendre les autres extrémités des rubans dans la couture, enroulez-les et maintenez-les avec une épingle au milieu du coussin.

LA COUPE

1. Reproduisez le gabarit du cœur choisi (petit, grand ou moyen) (voir p. 156) sur du papier, puis découpez-le.

2. À l'aide de ce gabarit, découpez 2 fois la forme du cœur dans le tissu en ajoutant 1 cm de marge tout autour.

L'ASSEMBLAGE

1. Épinglez endroit contre endroit les 2 morceaux de tissu et épinglez les 3 rubans à la pointe du cœur. Cousez le tour en laissant 15 cm d'ouverture sur un côté.

2. Découpez avec les ciseaux cranteurs le surplus de tissu à 0,5 cm de la couture réalisée.

3. Retournez sur l'endroit. Rembourrez, puis fermez l'ouverture à points invisibles.

APPLIQUÉ

Un bouquet de corolles et de pétales a éclos sur ces beaux coussins de lin.

FOURNITURES

- Du piqué de coton blanc, du lin olive ou bleu Klein : 52 x 140 cm
- Pour les feuilles et les fleurs : des coupons de tissus unis ou à motifs, dans différentes matières et différents styles, assortis à la couleur du coussin.
- De la ouate de rembourrage
- 1 compas
- Le petit matériel de couture

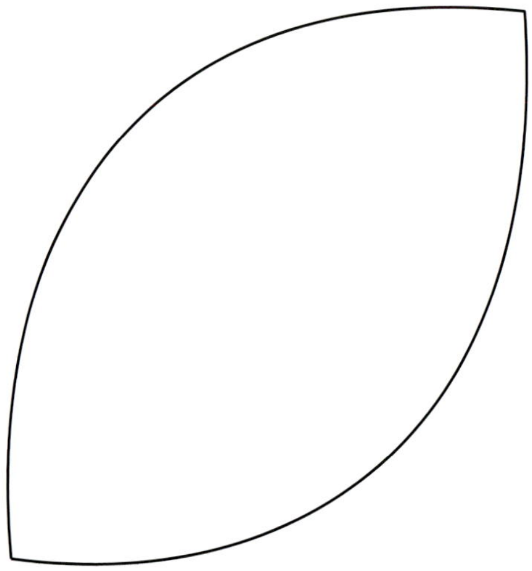

DIMENSIONS DES COUSSINS

30 x 50 cm

LA COUPE

1. Découpez 2 rectangles de 32 x 52 cm dans le tissu, si vous choisissez un coussin sans ouverture. Sinon, reportez-vous p. 14 pour découper le tissu selon la fermeture choisie (à glissière ou à rabats avec boutons).
2. Dans les différents tissus : découpez 6 feuilles (voir le gabarit), 12 cercles de 5 cm de diamètre, 6 cercles de 5 cm de diamètre et 12 cercles de 10 cm de diamètre. Mixez les coloris et les motifs en privilégiant la même tonalité que le coussin.

LES FLEURS

1. Pliez en quatre 1 des cercles de tissu, piquez avec une aiguillée de fil dans la pointe, ressortez, puis enfilez à la suite les 5 autres cercles pliés en quatre. Terminez par un point d'arrêt en piquant dans le 1er cercle pour former le pompon.
2. Répétez la même opération avec les autres cercles découpés. Vous obtenez 3 petits pompons et 2 grands pompons.
3. Placez les feuilles et les pompons sur la face avant du coussin, cousez-les avec quelques points de couture.

L'ASSEMBLAGE

1. Placez endroit contre endroit les 2 faces du coussin et cousez tout autour en laissant 15 cm d'ouverture.
2. Découpez avec les ciseaux cranteurs le surplus de tissu à 0,5 cm des coutures, puis retournez sur l'endroit.
3. Rembourrez, puis fermez l'ouverture à points invisibles.

MAISONNETTES

Message subliminal : ouvrir son cœur, la fenêtre ou sa porte...

FOURNITURES

* Du coton imprimé à motifs plumes, du Liberty ou du coton à motifs gouttes (A) : 50 x 140 cm
* Du lin jaune, du taffetas lurex ou du lin rouge (B) : 50 x 140 cm
* Du ruban (velours gris, gris clair ou jaune) : 60 cm
* 1 feutre noir pour tissu
* De la ouate de rembourrage
* Le petit matériel de couture

DIMENSIONS DES COUSSINS

22 x 32 cm

LA COUPE

1. Reproduisez les gabarits (carré et toit) de la maison sur du papier (voir p. 153), puis découpez les formes.
2. Servez-vous des gabarits pour découper 2 fois le carré sur le tissu A et 2 fois le toit sur le tissu B, et en ajoutant 1 cm de marge tout autour.

L'ASSEMBLAGE

1. Épinglez, endroit contre endroit, chaque carré de la maison avec son toit. Cousez.
2. Épinglez chaque façade endroit contre endroit, en plaçant les rubans comme indiqué sur le gabaritde la page 153. Cousez tout le tour en laissant 15 cm d'ouverture en bas de la maison.
3. Découpez avec les ciseaux cranteurs le surplus de tissu à 0,5 cm de la couture. Retournez sur l'endroit. Rembourrez, puis fermez l'ouverture à points invisibles.
4. Photocopiez les motifs de décor (clé, fenêtre, cœur), découpez-les et reportez leur forme à la craie sur 1 face de la maison. Remplissez ensuite les formes au feutre noir.
5. Nouez les rubans des différentes maisons pour créer la ribambelle.

Astuce

Pour éviter de prendre dans la couture les autres extrémités des rubans (qui serviront à nouer les maisons entre elles), enroulez-les et maintenez-les avec une épingle au milieu du coussin.

COSY

S'imaginer confortablement installée avec ces coussins douillets devant sa série préférée...

FOURNITURES

* Du coton imprimé à motifs branchages, triangles ou grandes fleurs (A) : 50 x 70 cm
* Du coton imprimé confettis, du lin rose ou moutarde (B) : 25 x 25 cm
* Du passepoil (tressé rose, velours bleu ou tressé or) : 70 cm
* 1 fleur (rose, bleue ou grise) en crochet
* 1 gland en daim (corail, bleu, ou gris)
* 1 compas de couturière
* Du bristol
* De la ouate de rembourrage
* Le petit matériel de couture

DIMENSIONS DES COUSSINS

20 x 45 cm

LA COUPE

1. Tracez 1 rectangle de 45 x 62 cm sur le tissu A, puis découpez en ajoutant une marge de couture de 1 cm.
2. Tracez 1 cercle de 20 cm de diamètre sur le bristol et découpez-le (voir p. 124). Placez ce gabarit sur le tissu B et servez-vous-en pour découper 2 cercles, en ajoutant une marge de 1 cm.

L'ASSEMBLAGE

1. Posez le passepoil sur les 2 bords des grands côtés du tissu A (voir p. 10).
2. Pliez A endroit contre endroit, épinglez les 2 petits côtés et cousez en laissant une ouverture de 15 cm au centre.
3. Épinglez les 2 cercles B à chaque extrémité du tissu A, puis cousez-les en vous servant de la couture du passepoil comme repère visuel.
4. Découpez avec les ciseaux cranteurs le surplus de tissu à 0,5 cm des coutures, puis retournez sur l'endroit. Rembourrez, puis fermez l'ouverture à points invisibles.
5. Cousez la fleur en crochet avec quelques points. Cousez le gland au centre de chaque cercle.

Astuce

Découpez un motif simple dans le tissu A (cœur, rond, étoile…) et appliquez-le à la place du gland.

PATCHWORK

C'est le moment d'utiliser de façon graphique toutes vos chutes de tissu.

FOURNITURES

LE COUSSIN AMISH
* Du lin uni : 6 coupons de 20 x 40 cm dans différents coloris (ici gris clair, moutarde, noir, kaki, rose, rouge)
* Du lin moutarde pour l'arrière du coussin : 52 x 140 cm

LE COUSSIN BLEU
* Des cotons imprimés fleuris, végétaux, carreaux ou losanges : 6 coupons de 20 x 40 cm
* Du coton vert d'eau pour l'arrière du coussin : 52 x 140 cm

LE COUSSIN LIBERTY
* Du Liberty dans les tons roses : 6 coupons de 20 x 40 cm
* Du lin beige pour l'arrière du coussin : 52 x 140 cm

* Du bristol
* Des ciseaux cranteurs
* De la ouate de rembourrage
* Le petit matériel de couture

DIMENSIONS DES COUSSINS

30 x 50 cm

LA COUPE

1. Sur le bristol, tracez 1 grand triangle (base : 16,6 cm, hauteur : 15 cm), découpez le gabarit et servez-vous-en pour tracer les différents triangles sur tous les tissus (voir le schéma). Aidez-vous également de la photo si vous désirez les mêmes placements.
2. Faites le même travail avec 1 petit triangle rectangle (base : 8,3 cm, hauteur : 15 cm), puis reportez 4 fois le gabarit sur les tissus.
3. Découpez tous les triangles dans les tissus en ajoutant une marge de couture de 1 cm.
4. Découpez 1 rectangle de 32 x 52 cm dans le lin moutarde, si vous choisissez un coussin sans ouverture. Sinon, reportez-vous p. 14 pour découper le tissu selon la fermeture choisie (à glissière ou à rabats avec boutons).

L'ASSEMBLAGE

1. Placez vos triangles selon votre choix, puis assemblez-les à la machine au fur et à mesure. Cousez d'abord les triangles de la partie haute, puis ceux de la partie basse pour obtenir 2 bandes de triangles. Assemblez ces 2 bandes avec des épingles pour faire coïncider les pointes des triangles au centre du coussin, puis cousez.
2. Découpez avec les ciseaux cranteurs le surplus de tissu à 0,5 cm des coutures.
3. Superposez endroit contre endroit la face en patchwork avec le rectangle de lin moutarde, épinglez ces 2 faces et cousez en laissant 15 cm d'ouverture. Découpez avec les ciseaux cranteurs le surplus de tissu à 0,5 cm des coutures, puis retournez sur l'endroit.
4. Rembourrez, puis fermez à points invisibles les 15 cm restants.

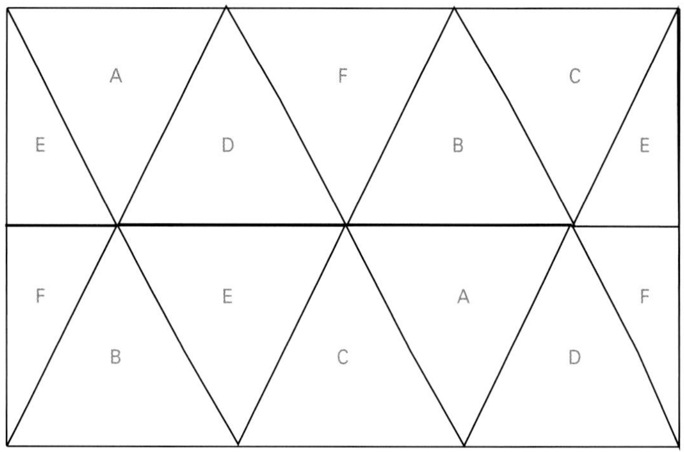

Astuce

Si vous réalisez un coussin déhoussable, doublez la face en patchwork avec un rectangle de tissu (32 x 52 cm). Cela rendra invisibles tous les assemblages sur l'envers.

BRODÉ

Brodez vos voyages ou vos destinations préférées sur des coussins ourlés de pompons.

FOURNITURES

* Du lin gris, du lainage à pois ou du lin blanc cassé : 50 x 140 cm
* 2 échevettes de fil à broder doré, rose métallisé ou noir métallisé
* 10 boutons de nacre (jaunes, roses, gris) de 1 cm de diamètre
* 5 boutons de nacre (prune, fuchsia, gris) de 1,5 cm de diamètre
* 5 boutons métallisés (jaunes, roses ou bleus) de 1,7 cm de diamètre
* Du galon à pompons (jaunes, roses ou noirs) : 200 cm
* Des ciseaux cranteurs
* De la ouate de rembourrage
* Le petit matériel de couture

DIMENSIONS DES COUSSINS

45 x 45 cm

LA COUPE

Découpez 2 carrés de 47 x 47 cm, si vous optez pour un coussin sans fermeture. Sinon, reportez-vous aux p. 14 pour découper le tissu selon la fermeture choisie (à glissière ou à rabats avec boutons).

L'ASSEMBLAGE

1. Photocopiez le motif choisi (voir p. 158 à 160), puis reportez-le à la craie sur la face avant. Brodez sur les traits selon les indications de points du modèle. Cousez les différents boutons.

2. Épinglez endroit contre endroit les 2 carrés de tissu, puis cousez tout le tour en laissant une ouverture de 20 cm.

3. Découpez avec les ciseaux cranteurs le surplus de tissu à 0,5 cm de la couture réalisée. Retournez sur l'endroit. Rembourrez, puis fermez les 20 cm restants à points invisibles.

London
NEW-YORK
Paris

LITTÉRAIRE

Appliquez vos mantras préférés sur ces coussins à messages.

FOURNITURES

- Du coton jaune, de la popeline foncée ou du piqué de coton clair (A) : 40 x 140 cm
- Du Liberty ou du coton panthère (B) : 40 x 140 cm
- Du thermocollant velours, à paillettes roses ou cuivre
- 1 cutter
- Du bristol
- De la ouatte de rembourrage
- 1 crayon à papier
- Le petit matériel de couture

DIMENSIONS DES COUSSINS

30 x 50 cm

LA COUPE

1. Photocopiez le gabarit (voir p. 142). Reportez-le sur du bristol et découpez-le avec des ciseaux. Servez-vous d'un cutter pour évider les lettres.
2. À l'aide du gabarit et du crayon à papier, reportez le mot choisi sur le côté plastifié du thermocollant. Découpez avec des ciseaux et aidez-vous du cutter pour évider les lettres.
3. Découpez 2 rectangles de 32 x 52 cm dans le tissu A. Sur un des rectangles, placez le mot en le centrant, puis appliquez-le à l'aide du fer à repasser. Si vous souhaitez un coussin avec une fermeture à glissière ou à rabats avec boutons, voir p. 14.

L'ASSEMBLAGE

1. Épinglez endroit contre endroit les 2 rectangles A, puis cousez tout le tour en laissant 20 cm d'ouverture en bas. Avec les ciseaux cranteurs, découpez le surplus de tissu à 0,5 cm de la couture réalisée. Retournez sur l'endroit en marquant bien les angles (aidez-vous du crayon à papier), puis repassez.
2. Rembourrez et fermez l'ouverture à points invisibles.

LE NŒUD

1. Dans le tissu B, découpez 2 rectangles : 14 x 26 cm et 6 x 7 cm.
2. Pliez en trois le grand rectangle dans la longueur, puis rabattez à l'arrière les 2 extrémités sur le milieu. Maintenez avec quelques points pour créer les plis du nœud papillon.
3. Pliez en trois le petit rectangle dans la longueur, puis rabattez à l'arrière les 2 extrémités en entourant le papillon. Si besoin, recoupez un peu les bouts s'ils dépassent.
4. Cousez l'ensemble sur le coussin avec quelques points.

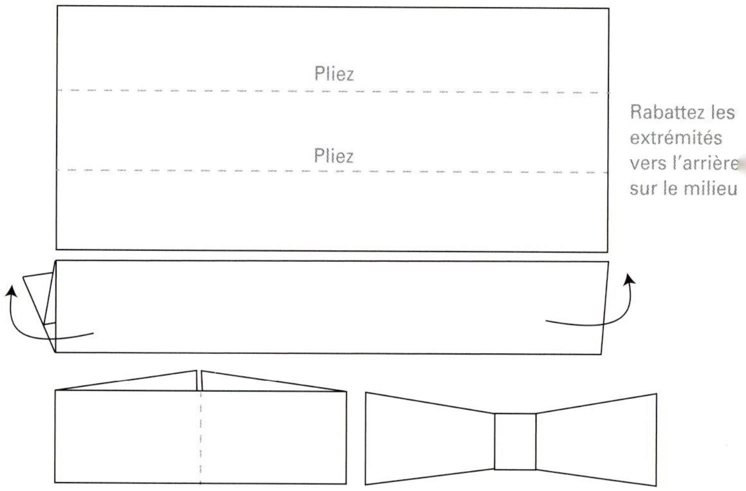

Songe
Rêve
Sieste

Songe

Sieste

Rêve

LES GABARITS

LA MINAUDIÈRE p. 26

Gabarit à taille réelle

TROUSSE CHIC p. 22

Gabarit à taille réelle

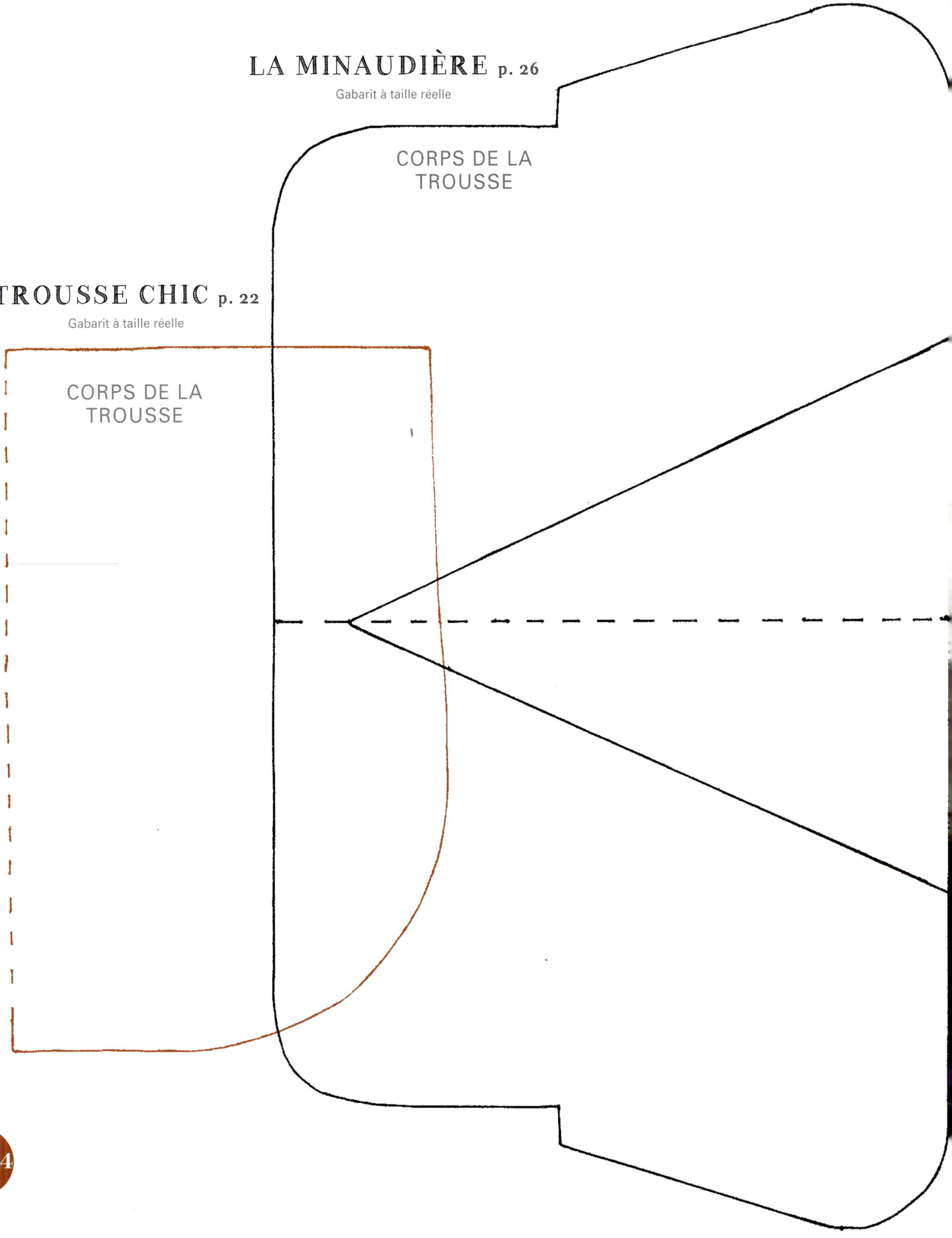

POCHETTE DU SOIR p. 30

Gabarit à taille réelle

POCHETTE STYLÉE p. 28

Gabarit à taille réelle

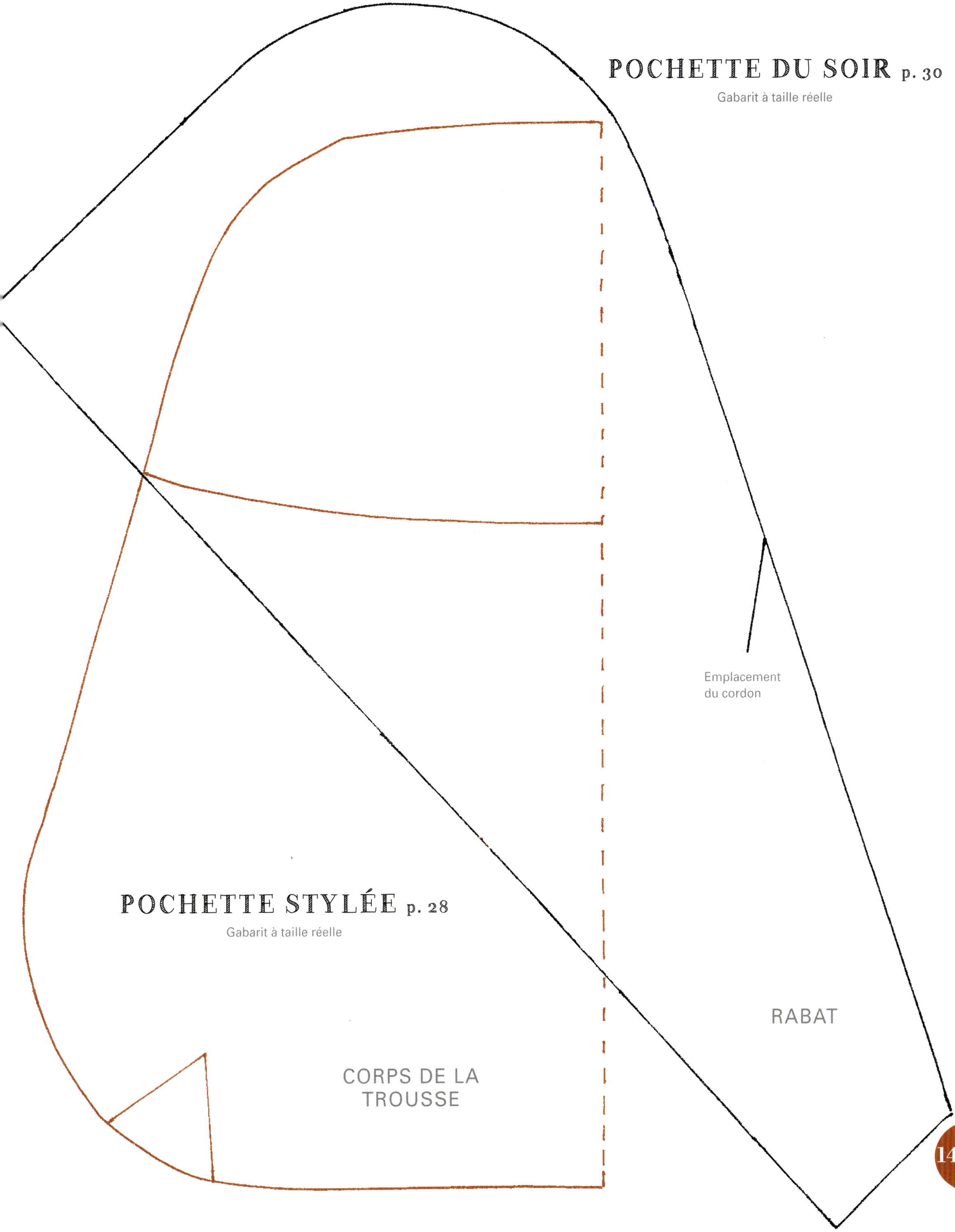

ÉCHARPE SAUVAGE p. 76

Gabarit à taille réelle

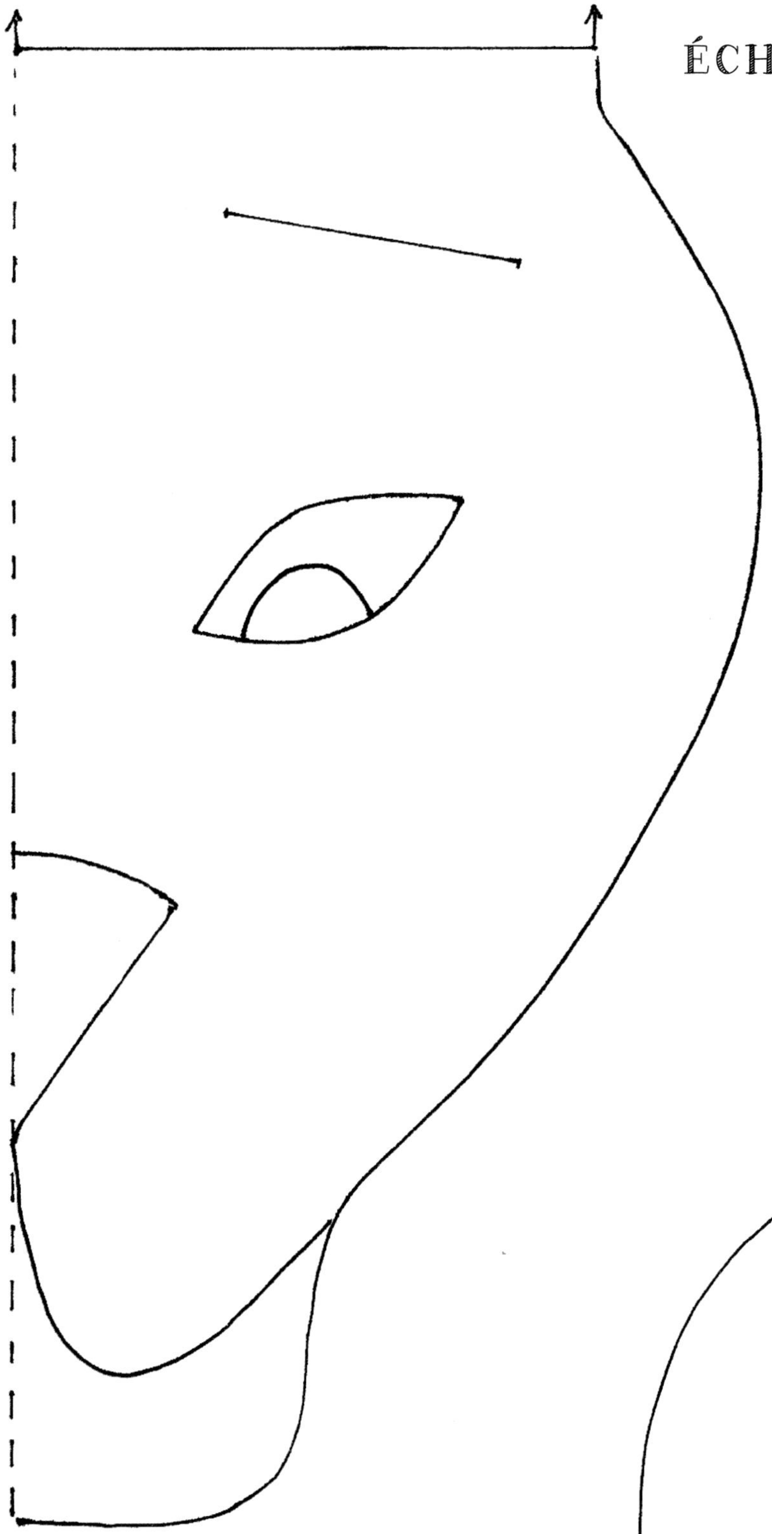

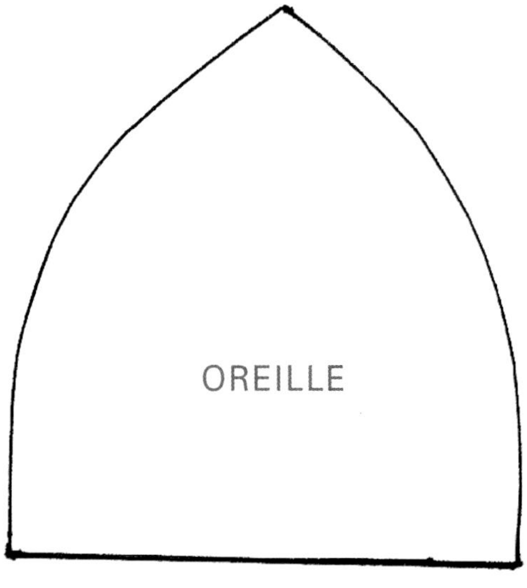

AVENTURIÈRE p. 82

Gabarit à taille réelle

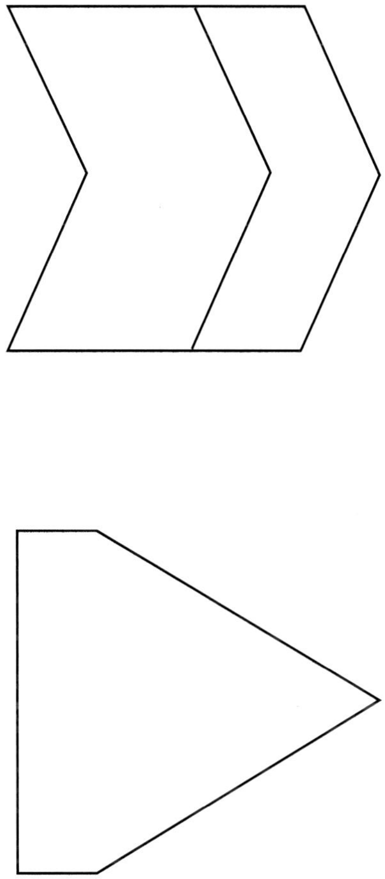

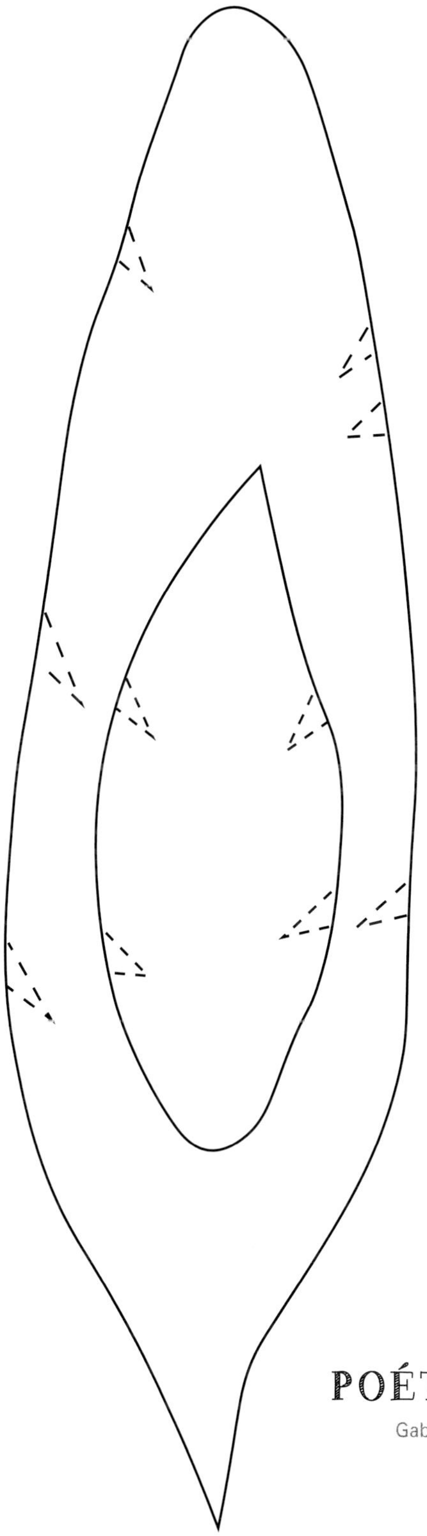

POÉTIQUE p. 92

Gabarit à taille réelle

COL CLAUDINE p. 100

Gabarit à taille réelle

DÉCALÉ p. 108

À reproduire à 200 %

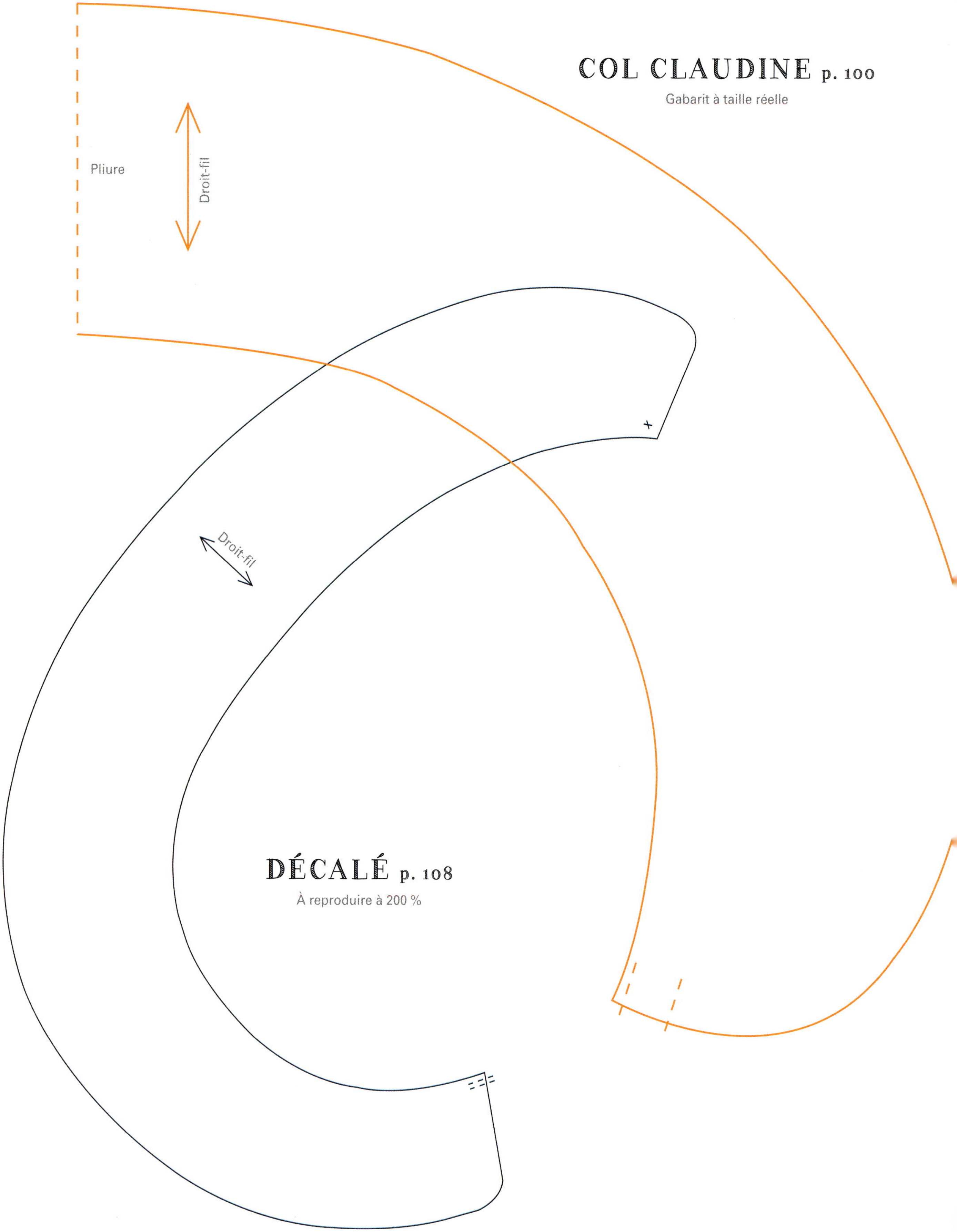

DOUBLE p. 102

Gabarit à taille réelle

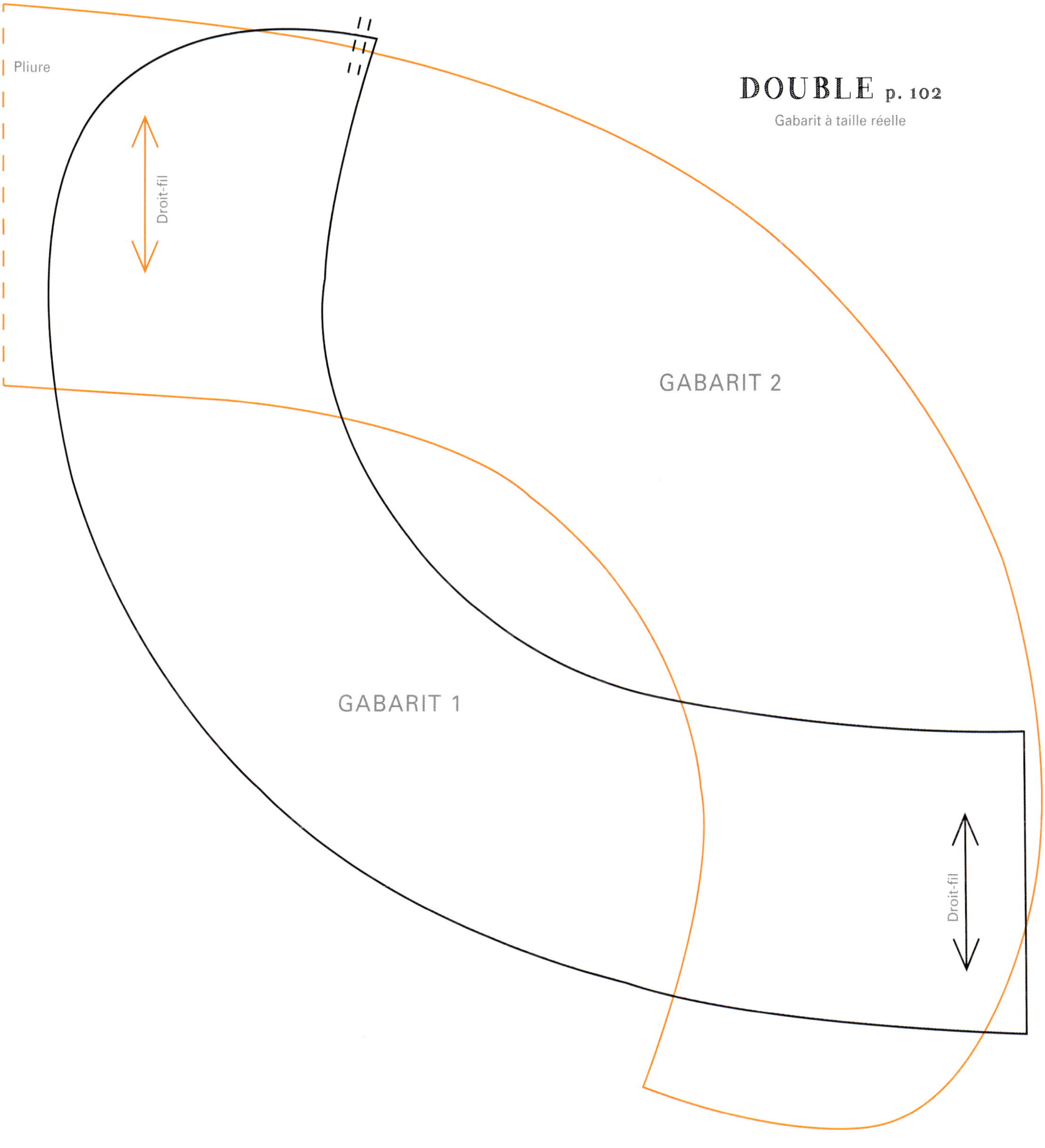

ONDINE p. 112

Gabarit à taille réelle

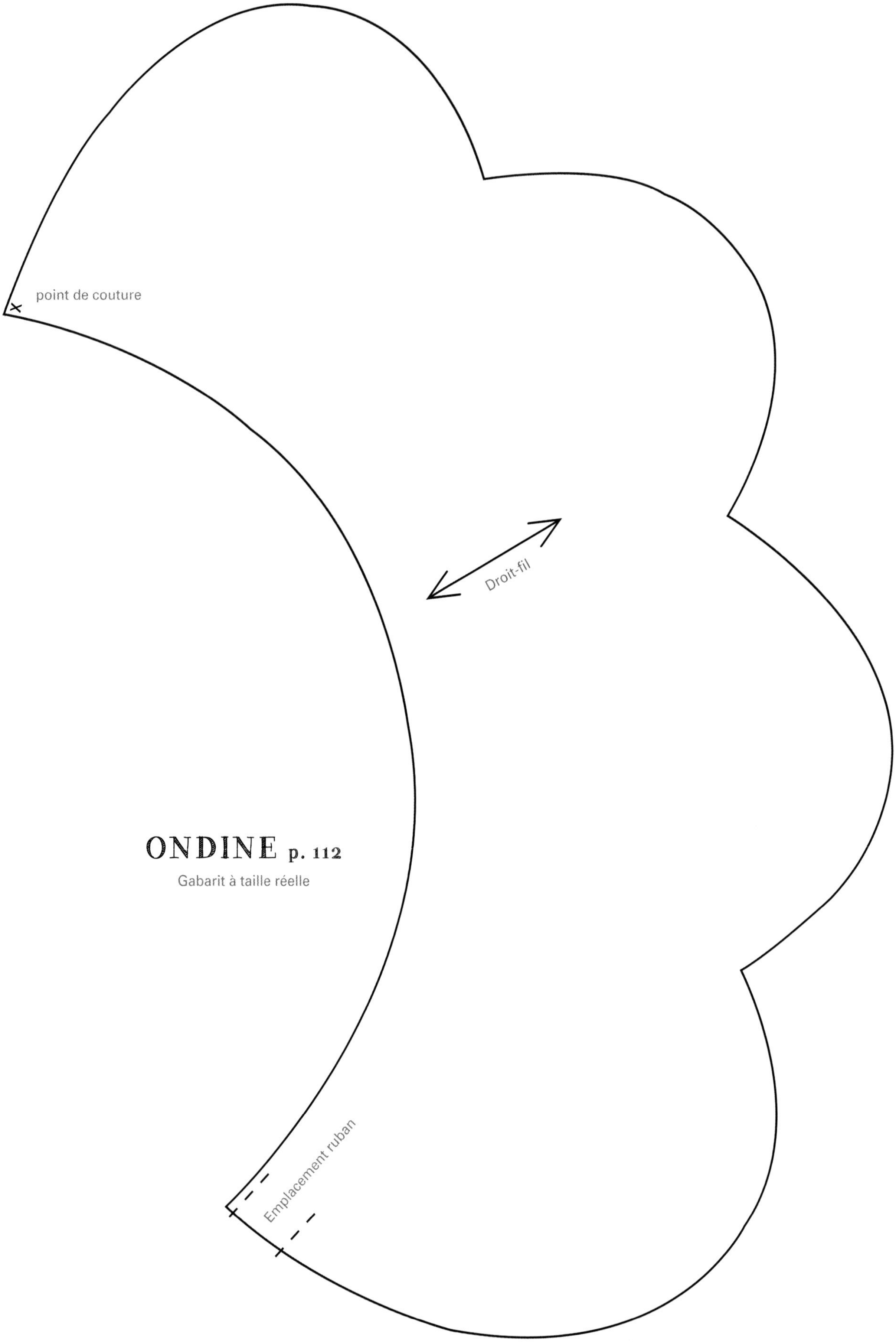

POINTU p. 110

Gabarits à taille réelle

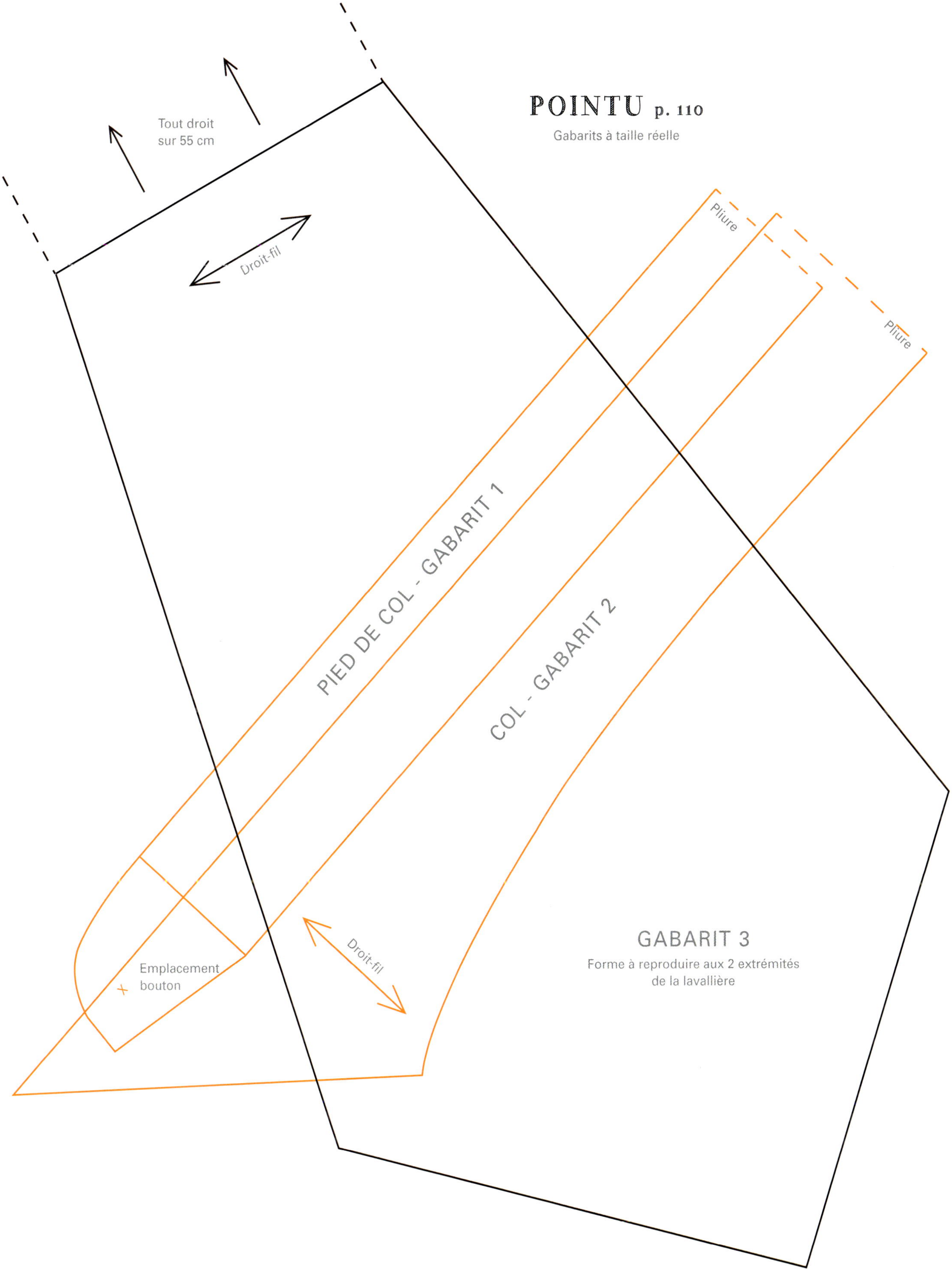

VICTORIEN p. 104

Gabarit à taille réelle

PLISSÉ p. 106

À reproduire à 200 %

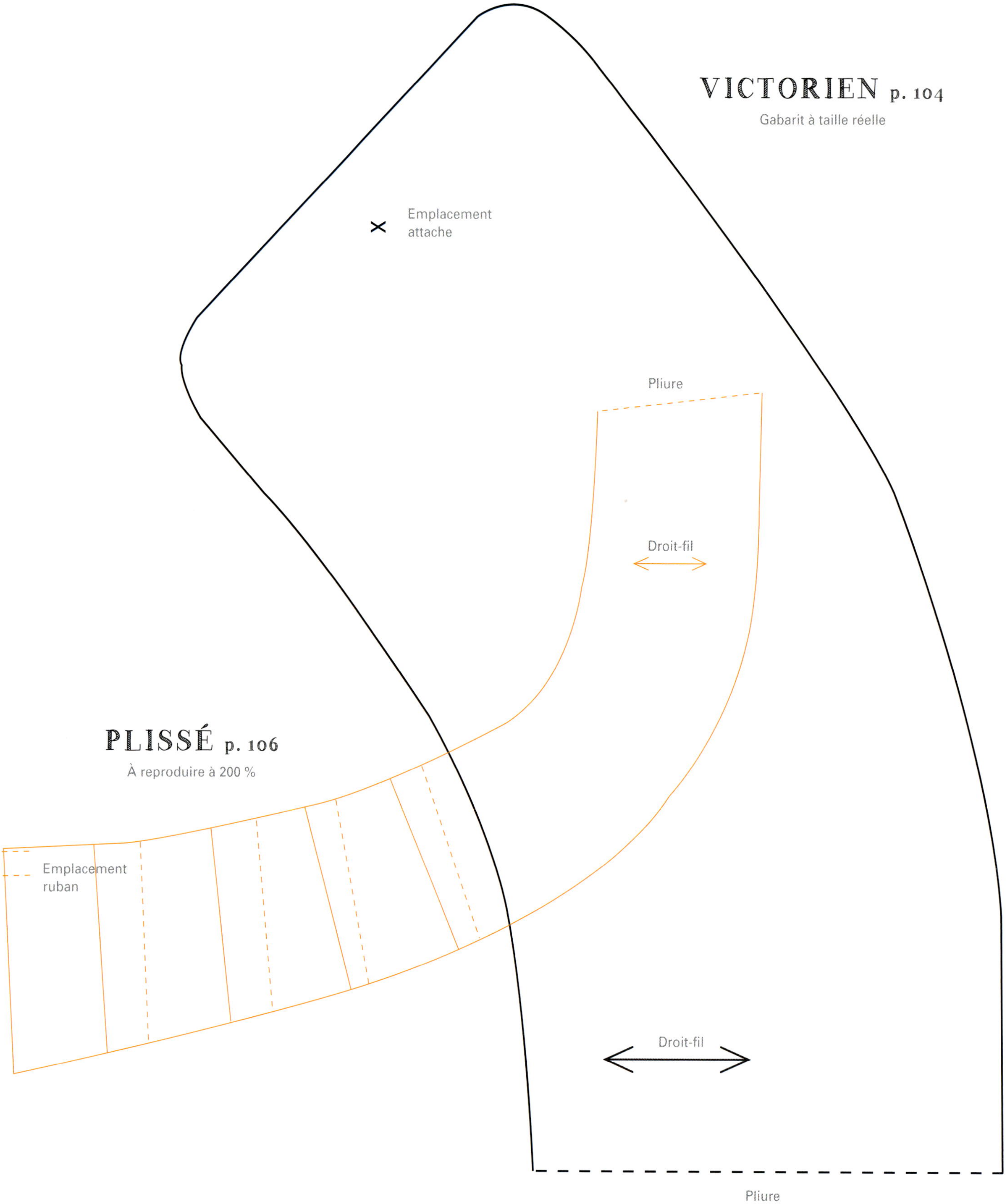

COLLIER p. 114

Gabarits à taille réelle

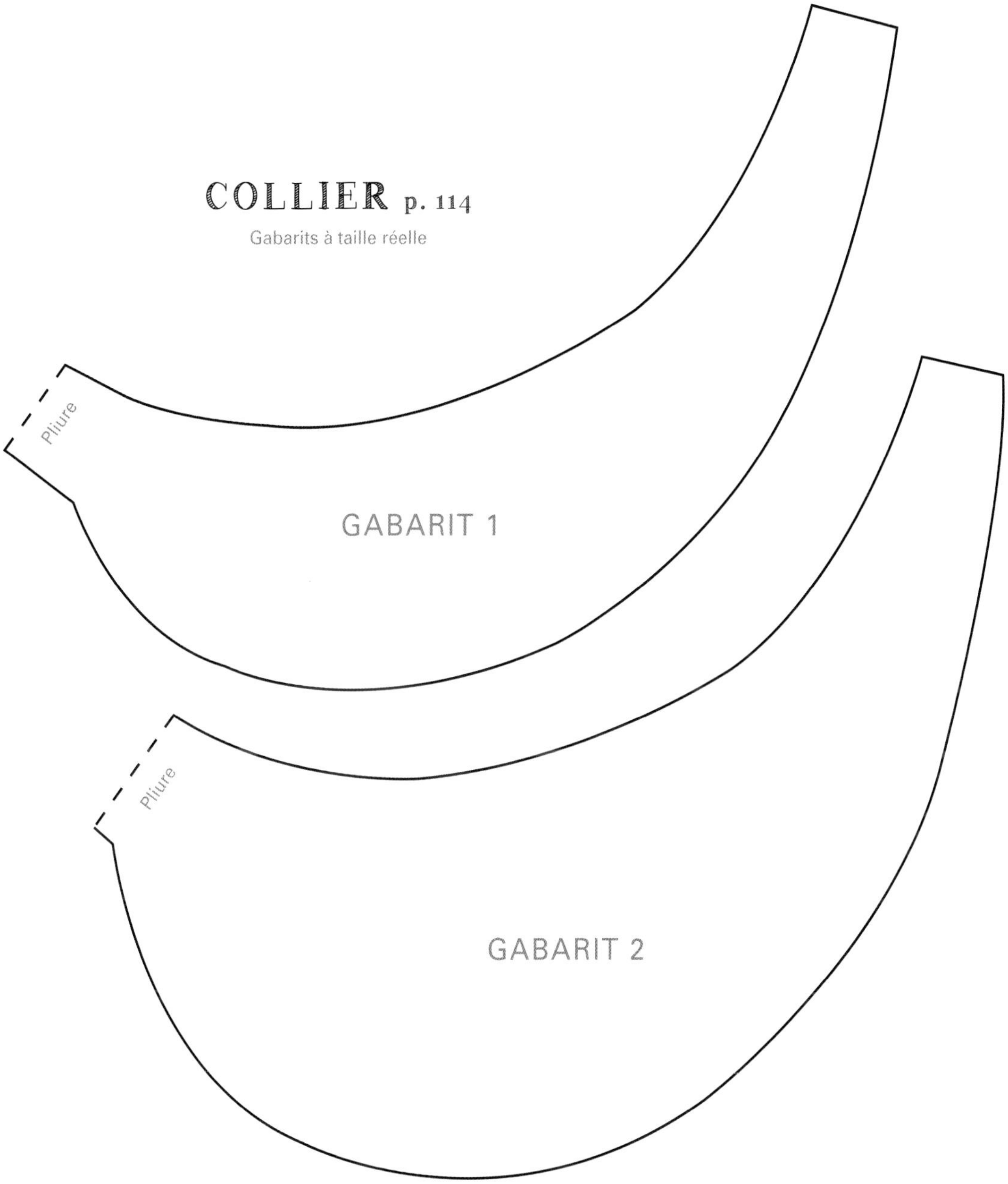

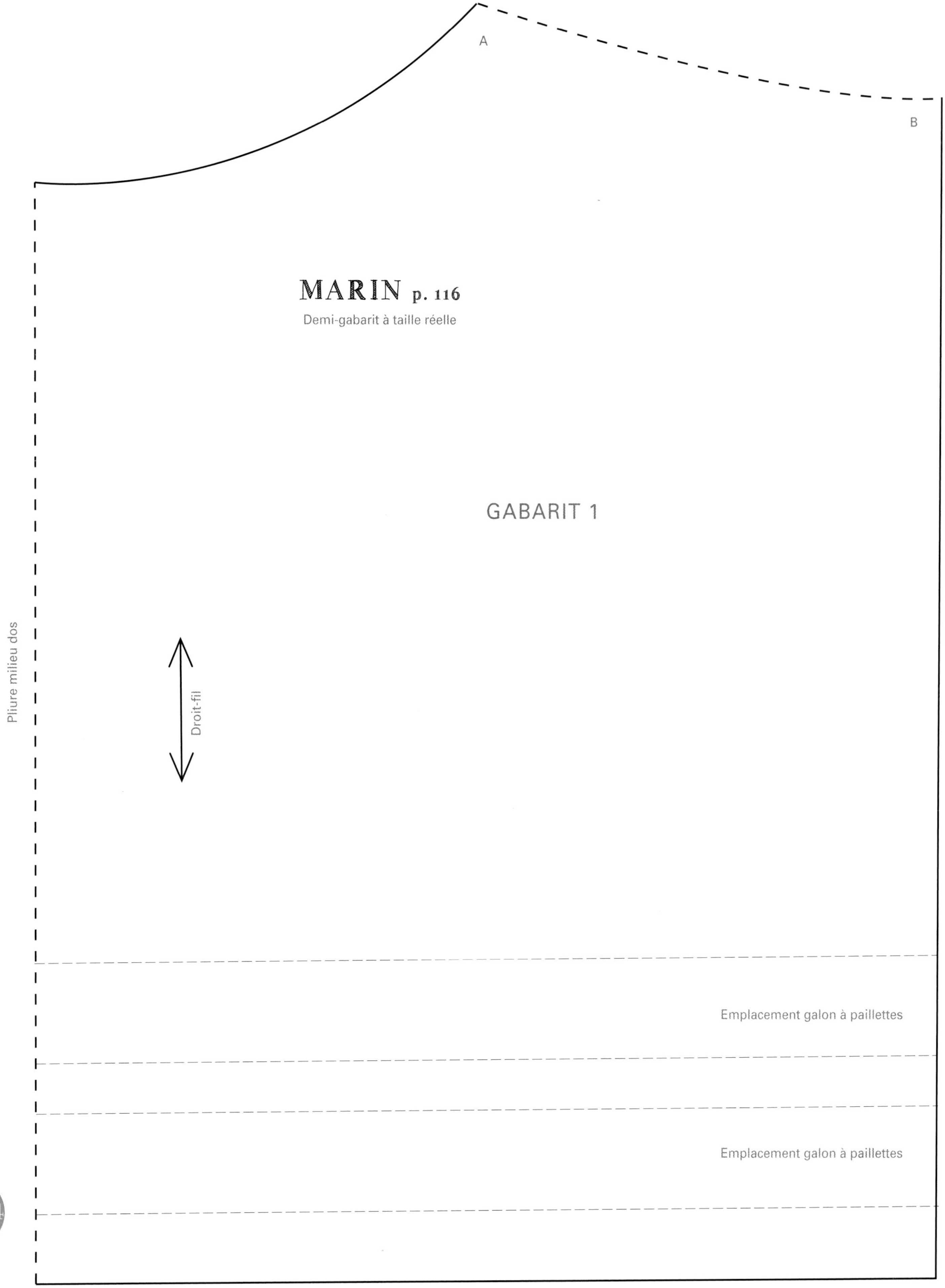
A
B
MARIN p. 116
Demi-gabarit à taille réelle
GABARIT 1
Pliure milieu dos
Droit-fil
Emplacement galon à paillettes
Emplacement galon à paillettes

MARIN p. 116

À reproduire à 125 %

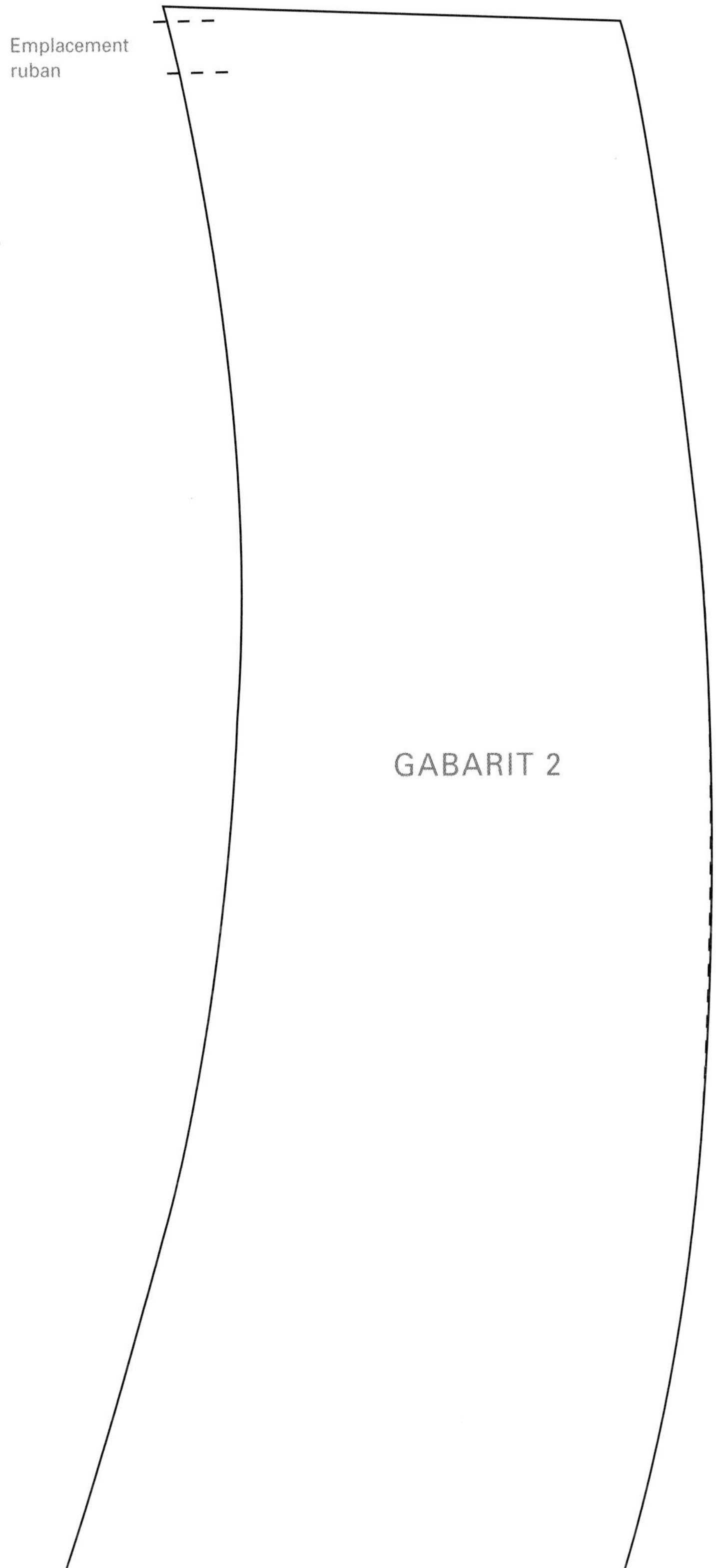

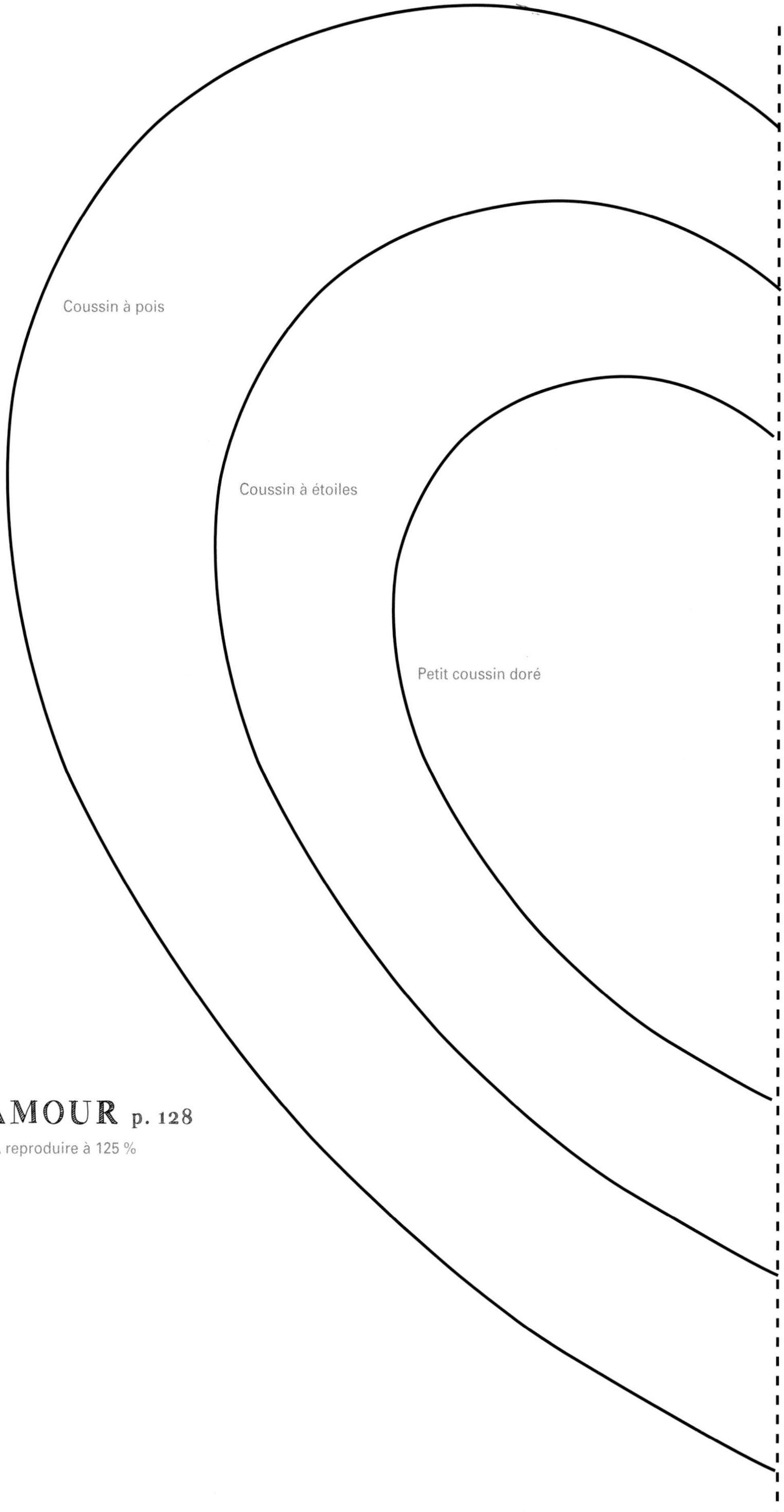

GLAMOUR p. 128

À reproduire à 125 %

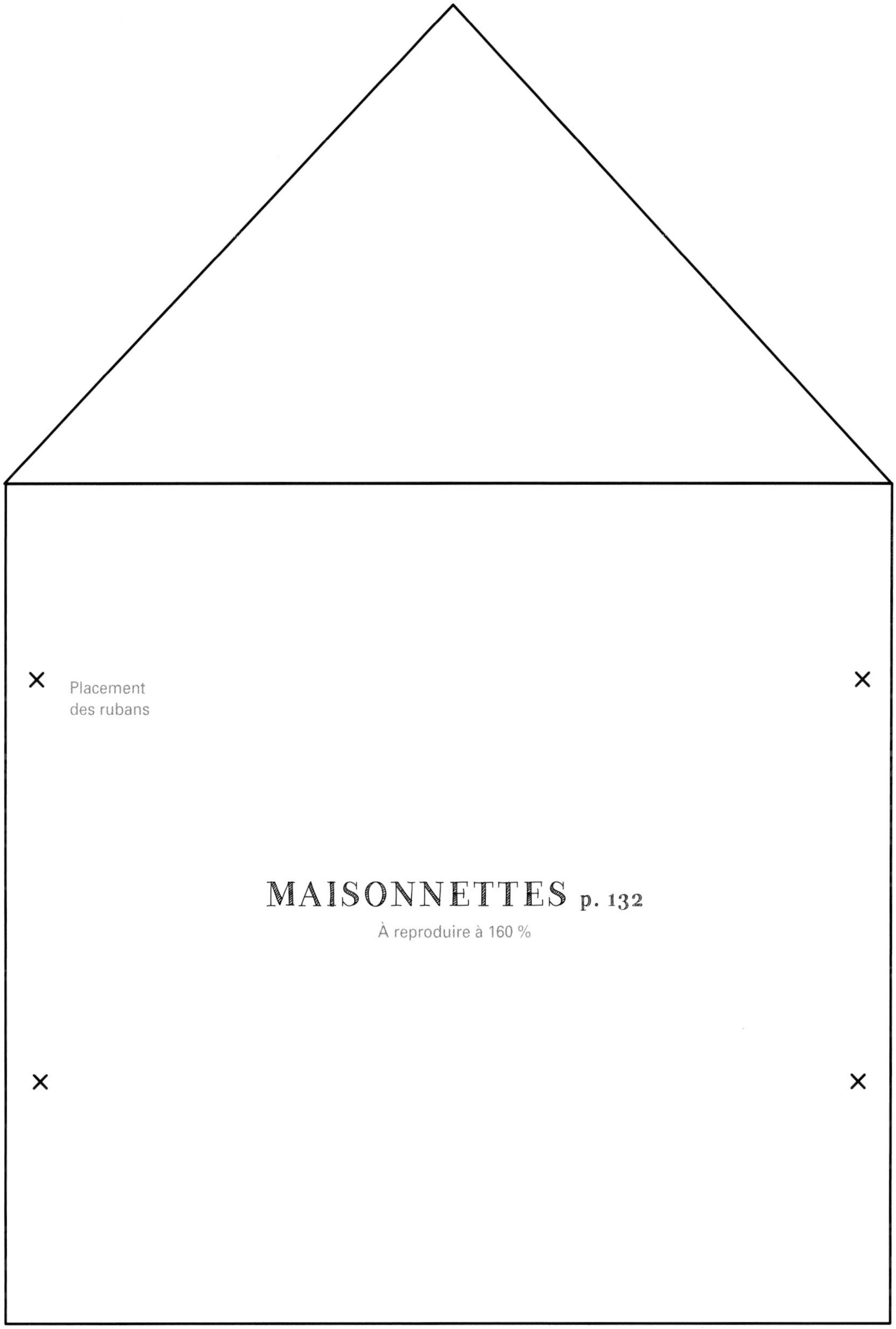

MAISONNETTES p. 132

À reproduire à 160 %

BRODÉ p. 138

Gabarits à taille réelle

MODÈLE 1

MODÈLE 2

MODÈLE 3

Achevé d'imprimer
par Imago en décembre 2018